ぼくは乗り鉄、おでかけ日和。

日本全国列車旅、達人のとっておき33選

杉山淳一

静岡県の大井川鐵道はSL保存運転の老舗

筆者の乗り鉄の起点となった東急
池上線を高校時代に撮影した写真

千葉県のいすみ鉄道にある鉄道車
両を保存する「ポッポの丘」

わたらせ渓谷鐵道の紅葉は見事。
乗っても撮っても楽しい路線

オホーツク海沿岸を行く“流氷ノロッコ号”

海沿いの北浜駅にある展望台から撮影

車内もトーマスとなかまたちがいっぱい

富士急オリジナル車の5000形はトーマスランド号として運行

西武鉄道のラッピングトレイン「銀河鉄道999号」

富士急行のフジサン特急は展望車付き

大阪―札幌間を結ぶトワイライトエクスプレス

北海道に入ると先頭車両がディーゼル機関車に交換される

わたらせ渓谷鐵道は旧国鉄足尾線。レトロな雰囲気の客車を走らせている

開放的なトロッコ車両を連結。紅葉に包まれてのんびりと走る

ぼくは乗り鉄、おでかけ日和。

日本全国列車旅、達人のとっておき33選

はじめに

皆さんにとって鉄道とはどのようなものですか？　目的地に移動するための手段という人がほとんどかもしれません。しかし私にとって鉄道は、それ自体を旅として楽しめるすばらしい乗り物です。遊園地の乗り物と同じかそれ以上に楽しい。例えば会社へ向かういつもと同じ列車でも、逆方向に乗るだけで、まったく違う景色に出会えます。満員電車の中でふと「このままどっかに行きたいな」と思いませんか。「週末にちょっと出かけてみようか」とか「一日の休みでも美しい紅葉が見たい」とか。そこから旅が始まります。時間がなくても、予算がなくても、鉄道旅ならその願いがかないます。

私は小学生の頃に「乗り鉄」に目覚め、近所の東急電鉄と東京の国電区間を制覇しました。中学時代は日帰りで行ける範囲まで、関東を中心に。高校時代は国鉄の「ワイド周遊券」や「青春18きっぷ」で北海道や九州へ。夜行列車に泊まって乗り歩く強行軍でした。その後しばらくは鉄道から遠ざかります。二九歳でフリーライターとなり、鉄道旅を復活。再び日本の鉄道の全路線乗車を目標に旅しています。二〇一三年現在、ＪＲ路線は約九二パーセント、ほかの民営鉄道と第三セクター鉄道を合わせて約九〇パーセントを踏破しました。どうしてそこまでして鉄道に乗るのかと問われれば、地図上で今まで乗った鉄道路線を塗りつぶしていくうちに、全部、塗りたくなっちゃったからです。

鉄道旅の魅力は様々です。ぼんやりと、車窓を移り変わっていく景色を見るだけでも癒されます。車内に目を向ければ、旅を楽しむ人、用事で乗る人、そこには乗客の数だけの人生模様があります。特急列車の華やかさ。各駅停車の生活感。ローカル列車に乗ると、自分もその地域の生活に溶け込んだような気持ちになります。列車を降りて、駅の周りをすこし歩いてみる。路線バスに乗ってみる。ここに自分の足跡を残しているんだなあ、という密かな満足感。食事や買物も楽しみです。駅はうまそうなものを探す探検の始まり。

本書は、私が「乗り鉄」として旅してきた多くの中から、「安くて」「楽しい」、そして「おいしい」旅を選りすぐりました。「暮らしに鉄道気分をちょっとプラス」をテーマに、鉄道ファンではない方にも、鉄道の旅を体験し、好きになってほしい、という思いを込めています。

気軽な旅から、すこしだけ遠くへ……という旅まで、それぞれの旅のルートを参考にお出かけしてみてください。なかなかお休みを取れない方も、休憩時間などに本書を読んで、旅の気分を楽しんでいただけたらうれしいです。

ぼくは乗り鉄、おでかけ日和。

日本全国列車旅、達人のとっておき33選

はじめに……002

第1章　ここまで行ける！　日帰り散歩列車旅……009

第1鉄　西武特急レッドアロー号で芝桜に会いに行く……010

第2鉄　都心から三〇分で海を見に行く──鶴見線・終着駅めぐり……016

第3鉄　どどーんと、ヨコスカネイビーバーガー……023

第4鉄　トロッコ列車で行く紅葉の旅──わたらせ渓谷鐵道……029

第5鉄　江の島へイルミネーションを見に行こう──湘南モノレール&江ノ島電鉄……036

第6鉄　ふたつの塔でパノラマくらべ――鹿島臨海鉄道でＲＰＧな旅……043
第7鉄　竹取伝説と富士山とつけナポリタン――岳南鉄道……052

第2章　列車だけじゃない！　いろいろな乗り物に乗れちゃう旅……061

第8鉄　ＧＷの箱根、目指すはケーブルカーとソフトクリーム……062
第9鉄　筑波山の正しい順路を教えます！――つくばエクスプレス……068
第10鉄　晴れた日は紅葉と夜景を楽しむ――丹沢・大山観光電鉄……075
第11鉄　海底駅、連絡線、昭和の記憶――津軽海峡の今昔を訪ねる……081
第12鉄　マルーン色の電車旅――阪急電車と能勢電鉄で行く妙見山……091
第13鉄　乗り物いっぱい、富士山めぐり……101

第3章　近くても楽しい！　東京再発見の列車旅……113

第14鉄　飛行機に乗らない日こそ羽田空港へ――東京モノレール……114
第15鉄　新しいのに懐かしい、東急世田谷線よりみち散歩……119

第16鉄　夏だ！　アニメがいっぱい西武鉄道沿線散歩……125
第17鉄　金八先生の桜とスカイツリーを見に行く……133
第18鉄　東陽町発亀戸行き、都電の廃線跡を歩く……141
第19鉄　私のルーツをたどる旅――肉と桜と池上線……150

第4章　乗るだけで極上気分！　特選列車旅……159

第20鉄　きらきらうえつ号で眺める、とってもおきの夕陽……160
第21鉄　かわいくてかっこ良くて便利な電車――富山ライトレール……166
第22鉄　新幹線よりスローでリッチ!?――近鉄アーバンライナー……173
第23鉄　流氷を追って知床へ。ダルマストーブ列車でオホーツク海岸の旅……178
第24鉄　特急料金一〇〇円、長野電鉄のロマンスカーで小布施へ……187
第25鉄　個室じゃなくても楽しいよ！　豪華寝台特急トワイライトエクスプレス……194
第26鉄　雪国の美女とダイヤモンドダスト――ローカル線・米坂線……203
第27鉄　小湊鐵道と養老渓谷とわらじトンカツ――房総横断ローカル線紀行……212

第5章　やっぱりこれ！　青春18きっぷで旅に出よう……233

特別列車　青春18きっぷならではの旅に出よう……234
第28鉄　日本三大車窓「姨捨」とJR最高地点を訪ねる……236
第29鉄　吾妻線、噂の現場「八ツ場ダム」を歩く……246
第30鉄　SLだけじゃない！　魅力満載の大井川鐵道……255
第31鉄　日本一のモグラ駅をズルい方法で訪ねた……264
第32鉄　富士山外周、山北駅のD五二とB級グルメを訪ねる……276
第33鉄　復活のSLと碓氷峠鉄道文化むら――機関車王国ぐんま……285

おわりに……295

●本書の内容は、著者の取材当時の状況に基づくもので、現在廃線となった路線などを含む場合があります。また列車・施設料金などは2013年11月現在のものので、今後変更になる場合があります。あらかじめご了承くださいますようお願い申し上げます。

装丁　米谷テツヤ
装画　霜田あゆ美

第1章　ここまで行ける！　日帰り散歩列車旅

第1鉄

西武特急レッドアロー号で芝桜に会いに行く

「さあ、旅に出よう」なんて気合いを入れなくても、旅の扉は身近なところに開いている。もしあなたが通勤電車を利用しているなら、休日はいつもとは違う駅で降りてみよう。例えば春の西武鉄道なら、都心と逆の方向に向かうだけで花の里が待っている。

西武鉄道は毎年、四月から五月上旬にかけて、池袋発西武《せいぶ》秩父《ちちぶ》行きの特急電車「レッドアロー号」を増発する。ゴールデンウィークよりすこし早めだけど、その理由は芝桜。終点の西武秩父駅付近の羊山公園で、芝桜が見頃になるからだ。

池袋から西武秩父まで約一時間半の旅

池袋から特急レッドアローに乗ってみよう。ドーム形の欧風な駅舎を出た列車は、右にカーブして勾配を上る。鉄道ファンにとって最初の見どころは、ＪＲの線路を越えるところ。車窓を見下ろせば、山手線や湘南新宿ラインの電車が通過する。地上に降りると下町風の住宅密集地。

そんな景色が桜台の先で変貌《へんぼう》する。立派なコンクリートの線路になり、高架の複々線区間となった。特急レッドアローは時速一〇〇キロメートルで疾走する。隣の列車を走行中に抜き去る景色は、鉄道ファンでなくても楽しいはず。

このレッドアローの車両は一〇〇〇〇系という。一九九三年にデビューした電車だ。車体側面にはNRAとデザインされた文字が入る。これは「New Red Arrow」の略。先代レッドアロー号の五〇〇〇系が初代「レッドアロー」で、その後継車だからNewがついた。

ちなみに五〇〇〇系は六両編成で、一〇〇〇〇系は七両編成。一両増えたけど列車全体の定員は同じ。ということは、座席がゆったりと配置されたわけだ。二人掛けの

西武鉄道の特急「ニューレッドアロー号」は秩父方面と川越方面へ走る。写真の「小江戸号」は新宿―川越間を結ぶ

シートはリクライニング可能でフットレストもついている。座席の間隔は一メートル以上もあってとても快適。もちろんシートを回転させて四人グループで向かい合わせにできる。

複々線区間が終わると石神井《しゃくじい》公園を通過。続いて大泉学園も通過。レッドアローは池袋を出ると所沢まで停まらないのだ。大泉学園駅は最近、発車ベルがアニメ『銀河鉄道999』のテーマ曲になった。原作者の松本零士氏の壁画もある。アニメのファンならぜひ立ち寄りたいけれど、レッドアローは通過してしまう。車窓右手に電車の車庫が見えると保谷駅。これも通過してしまう。車窓に樹木が目立ち、武蔵野丘陵地帯に入っていく。

所沢を出て西武新宿線を越え、しばらく走ると右手に大きな車両基地が見える。小手指《こてさし》車両基地だ。西武鉄道最大の電車の車庫で、その収容能力は三四六両。奥行きが長く、一〇両編成の電車がタテに三本も入るという。西武鉄道の様々な電車のほかに、相互乗り入れする東京メトロの電車も見えるはず。飛行機好きはそのまま窓から目を離さないように。航空自衛隊の入間基地がチラ見できるぞ。

遠くに山が見え始めた頃、レッドアローは飯能に到着。ここで列車の進行方向が変わる。西武秩父まではあと四〇分ほどかかるから、前後の席のお客さんに声をかけて、シートの向きを変えておきたい。

ここからが車窓のハイライトシーンだ。東飯能駅でJR八高線に接したあと、風景はがらりと変わって山岳路線になる。武蔵丘車両検修場を過ぎると線路は単線に。やや急になった勾配を上りつつ、列車は右へ左へと車体をくねらせる。大都会を出発した列車が、約一時間後に山里を走っている。これがレッドアローの車窓の面白さだ。

吾野《あがの》駅から先は、路線名が西武秩父線に変わる。西武秩父線は秩父への観光のほかに、武甲山から採掘された石灰石を輸送する目的で建設された。険しい山道をトンネルで貫いている。特に長いトンネルは正丸トンネルという。長さは四八一一メートルで、日本の私鉄では二番目に長いトンネルだ。このあたり、トンネルばかりで景色はちょっと退屈だが、横瀬駅に停車したら周囲の風景を観察したい。かつての貨物輸送の名残が見つかるかもしれない。

羊山公園の最寄り駅は西武鉄道秩父線の横瀬駅、または西武秩父駅。そして秩父鉄道の御花畑駅。西武鉄道は『花さんぽ』という観光Ｗｅｂサイトを作るほど力を入れている。

レッドアローは横瀬駅にも停まるけれど、終点の西武秩父駅まで乗ろう。西武秩父線の線路が羊山公園内を通るから、トンネルを抜けた瞬間の景色に注目だ。そしてレッドアローは終着駅の西武秩父駅へ。左手から近づいてくる線路は秩父鉄道だ。春から秋までＳＬパレオエクスプレスが走る。しかし、それはまた別の機会にしよう。

日本有数の花の海へ

羊山公園は芝桜の丘とも呼ばれている。ここは北海道の滝上町などと並んで日本有数の芝桜の名所。約四〇万株の花が、約一万六五〇〇平方メートルの大地を埋め尽くす。それはまるで桃色の海のよう。その花の波の向こうにはひょっこりと武甲山が立っている。青空と芝桜のコントラストを楽しむなら、ぜひ晴天を選んで出かけたい。芝桜の開花状況は秩父観光協会のＷｅｂサイトで確認できる。

ここで芝桜についての豆知識。芝〝桜〟といっても桜ではなく、正しくはハナシノブ科とのこと。羊山公園に植えられた品種は濃いピンクの「スカーレットフレーム」や薄いピンクの「オータムローズ」、白い「リットルドット」など八品種。詳しい名前と解説は、羊山公園で配布されるパンフレットに記載されている。

なお、羊山公園はふだん無料で入場できるが、芝桜の時季だけは三〇〇円の入場料が必要になる。これは芝桜の整備のために使われるそうだ。もっとも、パンフレットをもらえるし、記念品として芝桜ポストカードももらえるので、損をした気分にはならない。

西武鉄道だけではなく、秩父鉄道も芝桜観光に力を入れているようで、二〇〇九年四月一日に御花畑駅を御花畑（芝桜）駅に改称した。ホームの駅名標なども芝桜をあしらった明るいデザインに一新。これは鉄道ファンにとって、芝桜と同じくらい重要なことである。

芝桜の絨毯と武甲山

今回は池袋から西武鉄道を使うルートを紹介したが、秩父鉄道を利用すれば、東武伊勢崎線の羽生、JR高崎線の熊谷《くまがや》、東武東上線とJR八高線の寄居からもアクセスできる。秩父鉄道のSL列車と組み合わせた旅も楽しい。そして秩父から足を延ばすと、長瀞《ながとろ》の桜や川下りも楽しめる。東京からの日帰り旅行プランとしてはツウ好みといえそうだ。

今回の電車賃

2740円

西武鉄道（池袋―西武秩父）
……750円（＋特急料金620円）
西武鉄道（西武秩父―池袋）
……750円（＋特急料金620円）

第2鉄

都心から三〇分で海を見に行く——鶴見線・終着駅めぐり

ＪＲ東日本の鶴見線は、東京近郊のユニークなローカル線として知られている。本線はたった七キロメートル。さらに一・七キロメートルと一キロメートルの支線がふたつ。総延長は一〇キロに届かないのに、基点の鶴見を含めて終着駅が四つもある。中でも海芝浦は「改札の外に出られない駅」としても知られており、鉄道雑学本の定番になっている。距離は短いけど奥が深い——そんな鶴見線に乗ってみよう。

車窓に京浜工業地帯の迫力

鶴見線は横浜市鶴見区の鶴見駅を起点とする。本線はいったん海沿いへ出て、工業地帯を北上して川崎市に至る。東京駅から鶴見駅までは京浜東北線で約三〇分。独特の車窓が展開するから、忙しくて遠くに出かけられない人も、たっぷり旅をした気分になれる。

今回は鶴見のすこし手前、川崎駅から始めよう。川崎駅から南武線に乗り、次の尻手駅で降りる。尻に手なんてエッチな名前の駅だなあ、とニヤニヤしつつ、ホームの反対側から二両編成の電車に乗ろう。この電車も南武線の仲間で、浜川崎支線と呼ばれている。東海道線を越え、京浜急行の赤い電車を見下ろすと八丁畷《はっちょうなわて》駅だ。

次の川崎新町駅は、何本も並んだ貨物用線路の中にある。浜川崎支線は京浜工業地帯の貨物線でもある。鶴見線の旅客営業の出入り口を鶴見だとすると、浜川崎支線は貨物営業の出入り口になっている。浜川崎支線の終着駅は浜川崎駅。ここで鶴見線と接続する。「鶴見線と接続する」といっても、つながっている線路は貨物線だけだ。なぜか旅客駅は別々で、細い道路を隔てている。ここが鶴見線の見どころのひとつめ「JR同士の乗り換えなのに駅の外に出なくてはいけない駅」である。鶴見線が開業当初に私鉄だった名残かもしれない。

浜川崎駅は鶴見線も南武線も無人駅で、それぞれにSuica用のタッチセンサーが置いてある。ただし、電車を乗り継ぐ場合はタッチしてはいけない。タッチすると運賃が通算されず、割高になってしまうからだ。それは車内放送やタッチセンサー付近の掲示でも説明されている。

浜川崎駅からふたつめの終着駅、鶴見線本線の扇町駅へ。ところが電車はなかなかやってこない。夕方のラッシュ時でさえ一時間に三本。昼間は二時間おき。工場の通勤利用者に合わせたダイヤになっている。これも鶴見線の見どころ「大都市なのにローカル線の風情」である。電車待ちの間、携帯電話か文庫本か、退屈しのぎの道具がほしくなる。いや、周囲を見渡せば、野良猫を観察できるだろう。鶴見線沿線には、住宅街の公園にいるノラちゃんとは違う、孤高で鋭い目のハードボイルドな猫が多いと思う。

銀色ボディ、三両編成の電車に乗った。鶴見線といえば、関東では最後まで茶色い旧型国電が走ったことでも知られている。しかし今はご覧の通り。近代化され、冷房車になっている。閉じたままの窓ガラスから見える景色は、右にタンク車が並ぶ貨物基地、左はJFEスチール製鉄所。京浜工業地帯のど真ん中である。見慣れぬ形状の施設が並び、関係者でなければさっぱり用途が思いつかない。

運河を渡れば昭和駅。昭和レトロな街並みがあるわけではなく、昭和電工の大きな工場に沿う。その敷地の終わりに扇町駅がある。線路はまだ先があるけれど、乗客を乗せた列車が走る線路はここまで。駅前をぐるりと歩けば、遠くに巨大なタンクや城壁のような建物が見える。戦前、戦後を通じて日本を支えた京浜工業地帯の力を感じる。

海芝公園は大企業の粋なはからい

扇町駅から引き返して浜川崎駅を通り過ぎ、次の乗り換えは安善駅。工場街だから「安全」ではない。安善という駅名は、安田財閥の創始者、安田善次郎に由来する。鶴見線にはほかにも、浅野駅が浅野財閥の浅野総一郎、武蔵白石《むさししらいし》駅が日本鋼管の創始者白石元治、大川は製紙王といわれた大川平三郎に由来するという。鶴見線の駅は日本の近代工業史の

鶴見線の海芝浦駅。この奥に小さな公園がある

人名事典のようである。遠い世界のようだが、安田善次郎さんはジョン・レノンの奥様、オノ・ヨーコさんのひいおじいちゃんだと聞けば、ちょっと身近に感じるかもしれない。ただし、鶴見線の風景はビートルズというより、尾崎豊さんの『Ｂｏｗ！』だ。

安善で大川行きに乗り換えた。電車は今来た道を逆戻り。なんと、手前の武蔵白石駅まで戻ってから分岐する。一九九六年までは武蔵白石駅に小さな三角ホームがあって、大川支線はここから終点まで、たったひと駅の短い区間を往復していた。しかもたった一両の茶色い旧型国電だ。僕は小学生の頃に乗りに来て、外板のリベットのデコボコと、車内のワックスの匂いを覚えている。ときは過ぎ、今は三両編成の銀色電車が鶴見駅まで直通するようになった。相

変わらず本数は少ないままだ。

単線の大川支線も工場群に隣接して走っている。工場の出入り口と公道の間に線路があるので、踏切そのものが守衛所のように見える。電車がそこを通過するとき、車掌さんと守衛さんが手を振って挨拶する。会社は違えど、同じ土地で働く仲間。それぞれが自分の領域の安全を任される立場だ。そんな二人のさりげない挨拶。そのしぐさには、職人同士のようなキリッとしたかっこ良さがある。

大川支線から戻り、今度は浅野で乗り換えた。駅が分岐点そのもので、海芝浦行きは三角形のホームの向こう。そこでは二匹のハードボイルド猫がたたずみ、僕をじっと見つめていた。彼らは何を食べて暮らしているんだろう。これだけ大勢の人が通れば、ポケットからビスケットを出してくれる人もいるのかな。意外と、近くの運河で魚を採って食べていたりして……。いずれにしても、彼らにとってここは居心地がいい場所らしい。

海芝浦行きの電車は三角形のホームの一辺を出ると、その角度のまましばらく走り、運河沿いに出た。そこは船の積み降ろし用地、続いて運河の真横。窓の下はもう海だ。しかし対岸は近いから、なんとなく安心する。人工物に囲まれた風景に慣れてしまったせいか、こんなところで急に海が広がっても戸惑ってしまう。

新芝浦駅はまるで海の上。ホームから釣りができそうだ。次の駅が近くて終点なのに、お客さんが大勢並んでいた。この駅は東芝の工場の正門のそばで、次の海芝浦にはその工場の通用門がある。おそらく定期券を持っている人たちは、工場内の移動にも鶴見線を使っていると思われる。それだけ工場が広いのだ。それにしても、この工場は何を作っているンだろう。機関車かな、発電機かな。しかし製品らしきものは電車からは見えない。

新芝浦を出た電車はまっすぐ走って右へカーブ。実はここから東芝工場の敷地内に入っている。海側の車窓が、一瞬だけ建物に遮られ、次に見える景色は広々とした大運河。この場面展開は印象に強く残る。ほぅ、と息をつく間に電車は終着駅、海芝浦に到着する。夕刻だから、帰宅する人たちがホームにたくさん並んでいた。

降りたお客さんが駅から出ていき、ホームで待っていたお客さんが電車に乗って、電車が行ってしまった。つまりホームには私だけだ。カメラを提げているせいか、守衛所から警備員さんが出てきてこちらの様子をうかがっている。この駅には改札口はなくて、駅の出入り口は守衛所になっている。海芝浦は東芝工場の敷地内だから、通行証を持たない人は駅から出られない。帰りのきっぷはどうするかというと、守衛所内に自動販売機がある。「ただ電車に乗りに来ただけなンだ」なんて事情を話して守衛所を通過するなんて面倒だけど、Ｓｕｉｃａを持っていればＯＫ。ホームに乗車用と降車用のタッチポイントがある。

出られない駅という珍しさと、ホームからの海の眺めの良さで、海芝浦は鉄道ファンに有名だ。ときどきテレビや雑誌などでも紹介されるから、わざわざ見に来る人も多いらしい。そんな人のために「ホームにベンチを置いたら」という話もあったかもしれないけれど、幅が狭いホームでは通勤の人々の邪魔になるだろう。

その代わり、線路の行き止まりから続く土地に公園が作られた。土地の提供と公園整備は東芝である。引き返す人々を気の毒がってくれたのだろうか。ジュースの自動販売機も設置されている。灌木《かんぼく》に囲まれた、二人連れの語らいに良い雰囲気のベンチもある。東芝さん、なかなか粋なことをしてくれたではないですか。ちゃっかりマイクロ風力発電システムのデモ機を置いて宣伝しているけれど、アピールが控えめだから好印象だ。

缶ジュースを片手に、行き交う船をしばらく眺めた。ここは夜景もきれいだ。しかし公園の施錠時刻は二〇時三〇分と早いので要注意。帰りの電車は乗り換えなしで鶴見に行ける。だがもし体力が残っていたら、鶴見の手前、国道駅にも降りてみてほしい。そこは昭和初期のアーケードの雰囲気がそのまま残されている。営業している店は少ないけれど、とても懐かしい風情だ。そこを通り抜けて、夕暮れの鶴見川堤防の風景もいい。工場街という異世界から、すこしずつ街の風景へ。この気分はまさに「旅」そのものだ。

JR東日本（川崎―扇町）……160円
JR東日本（扇町―大川）……150円
JR東日本（大川―海芝浦）……150円
JR東日本（海芝浦―国道）……150円
JR東日本（国道―鶴見）……130円

今回の電車賃

740円

第3鉄

どどーんと、ヨコスカネイビーバーガー

二〇〇八年一一月。神奈川県横須賀基地のアメリカ海軍第七艦隊は、横須賀市に友好の証《あかし》として「海軍伝統のアメリカンハンバーガーのレシピ」を提供した。横須賀市内の一三店舗が「ヨコスカネイビーバーガー」提供店として認定されたそうだ。ヨコスカネイビーバーガーの定義は「〇・五ポンドの一〇〇パーセントビーフパテを使ったボリュームたっぷりのハンバーガー」である。

うまいハンバーガーがあると聞けば、肉好きはウズウズしてくる。ぜひ食べたい。さあ行くぞ横須賀へ。品川から京急の「快特」に乗って行くぞ!

鉄道の魅力たっぷり京浜急行

ヨコスカネイビーバーガーの店舗は、京急の汐入《しおいり》駅付近から横須賀中央駅方面へ続く「どぶ板通り」に多い。というわけで、品川駅から京急に乗ろう。列車はもちろん快特。

京急電鉄の快特用車両「2100形」。特別料金なしで乗れる

以前は快速特急が正式名称だったが、今は快特が正式名だ。快特には通勤タイプのロングシート車両を使う列車と、二人掛けのクロスシートを使う列車がある。都営浅草線と直通する列車は必ずロングシートで、京浜急行内のみを走る列車のほとんどが二扉クロスシートの二一〇〇形となる。旅の気分に浸りたいなら二一〇〇形を選ぼう。

快特の車窓のポイントはいくつもある。品川駅を発車してすぐの左側。山手線や東海道線、新幹線の線路をまたぐところ。電車がいっぱい見える。続いて新馬場から始まる高架区間。ここでは左側の遠くの空に注目しよう。羽田空港に着陸する飛行機が見えるかも。高架区間の見晴らしは低空飛行のようで気持ちがいい。

京急蒲田を出るとほぼ直線区間で、快特のスピードはグングン上がる。多摩川を越

えるときは右に東海道線が並ぶ。そして列車はスピードを下げて京急川崎駅構内へ。京急蒲田《かまた》駅が高架になる前は、右側に電車が停まっていることがある。ホームのない場所で、お客さんも乗っているというのに、なぜ停まっているンだろう。実は、この電車は羽田空港からやってきて、快特に追い越されるまで待っていた。京急川崎駅構内で快特に抜かれたあと、その快特の後部に増結するためだ。多くの列車が走っている中で、羽田空港と神奈川県を直通するための列車を追加する奇策だった。

京急川崎の次は横浜までノンストップ。この区間の見どころは右側だ。京急鶴見から子安まで、ＪＲ東海道線と併走する。タイミングが合えば、京急の電車が東海道線の列車を追い越す場面を見られる。京急ファンが歓喜の声を上げるところだ。

横浜を過ぎてからも列車は快調に走る。急な曲線や急勾配がなく、高速運転に適した線路だ。中央に通過線を持つ南太田《みなみおおた》駅では速度を落とさずに先行列車を追い越し、京急デパートが併設された巨大ターミナル、上大岡駅に停車する。

そして次に注目したい場面は金沢文庫駅。川崎駅でつながった列車は、ここで分割される。前の八両は引き続き「快特三崎口行き」として出発する。羽田発の後ろ四両は「普通列車浦賀行き」となって続いていく。ところがこのとき、金沢文庫駅の隣のホームにも普通列車が停まっている。品川駅始発の普通列車で、次の金沢八景駅から逗子《ずし》線に乗り入れる。この普通列車は快特に抜かれるために停車していた。

ここでクイズ。快特が発車したあと、金沢文庫駅にはふたつの普通列車が残された。さて、どちらが先に発車するのだろう？

答えは「同時に発車する」。金沢文庫と金沢八景の間には京急の大きな車庫があり、並行する線路がある。この線路を使って、ふたつの列車が同時に同じ方向に走っていく。快特列車の乗客が、逗子方面と本線の普通列車のどちらにも乗り継げるように、という仕掛けである。これも京急の列車ダイヤの面白さだ。

もっともこれは取材当時の話。二〇一二年一〇月に京急蒲田駅が高架化されると、その後のダイヤ改正で京急川崎駅の増結や金沢文庫駅の同時発車は解消された。しかし京急電鉄は列車のやりくりに思い切った方法を使う。今後も何かやってくれるかもしれない。そう思うと油断できなくて、ダイヤ改正のたびに乗って確かめたくなる。

ハンバーガーと軍港クルーズで横須賀を満喫！

快特の次の停車駅は横須賀中央駅。しかし私は途中で普通列車に乗り換えて、ひとつ手前の汐入駅で降りた。ハンバーガーへと気持ちは急ぐが、ここにはもうひとつのお楽しみがある。横須賀軍港を巡る遊覧船だ。「ＹＯＫＯＳＵＫＡ軍港めぐり」と名付けられた遊覧船は一日数便。平日の最終は日没のかなり前。意外に早じまいである。汐入駅を出て歩道橋を渡り、ショッピングモール横の桟橋へ。出発まで時間があるなら、桟橋に面した洋菓子店へどうぞ。喫茶室もあるし、アイスクリームもおいしい。

軍港めぐりは、アメリカ海軍第七艦隊が駐留する横須賀本港と、海上自衛隊の基地がある長浦湾を巡る。所要時間は約四五分だ。これほど民間人を近づけていいのかと思うほど軍艦のすぐそばを通る。アメリカの海兵も海上自衛官もフレンドリーで、私たちに笑顔で手を振ってくれる。その笑顔の向こうに、命がけの職場という緊張感がある。アメリカ第七艦隊は湾岸戦争にも参加したし、自衛隊第一護衛隊はソマリア沖の海賊対策にも出動した。横須賀基地所属の掃海部隊はペルシャ湾に派遣された。

さて、横須賀基地といえばアメリカ海軍の空母ジョージワシントンである。ところが私が訪れた日はジョージワシントンをはじめ、その護衛艦隊も任務で出張中。横須賀本港には艦艇が少なかった。こんなときガイドさんはどうするだろうか。大事なトークのネタがいないのだから、私たちよりもっと残念なはず。しかし、ここのガイドさんはすごい。

「今日はあいにく、米艦隊は出払っております。その代わり、ふだんは船に隠れて見えない港湾施設をご説明いたします」

なんと前向き。主役がいないのに、観客にお得感を抱かせてしまう絶妙なトークだった。旧日本海軍からの現役建造物などを見ながら、クルーズをたっぷり楽しめた。

ボリュームたっぷり、ヨコスカネイビーバーガー

すっかりお腹《なか》を空《す》かせて街に戻る。さあ、念願のネイビーバーガーを食べに行こう。どぶ板通りの異国情緒を楽しみつつ、今回は鉄人二八号が目立つ「TSUNAMI」へ。ここには第七艦隊にちなんだ「ジョージワシントンバーガー」がある。ネイビーバーガーの基本レシピ、〇・五ポンド（約二二七グラム）の一〇〇パーセントビーフ、トマト、オニオン、レタスに加えて、チーズ、ベーコン、フライドエッグも入れた「全部入り」だ。お値段は一三〇〇円。味付けは肉に塩胡椒《こしょう》、バンズにマスタード。シンプルな味で、さすがに途中で飽きてくる。ネイビーバーガーの正しい食べ方は、自分でケチャップとマスタードを足して、自分好みの味を作っていくのだという。

〇・五ポンドのハンバーガーは、予想以上のボリュームだった。何しろマクドナルドのクォーターパウンダーの倍の量の肉だ。お腹いっぱいで少々苦しい。どぶ板通りを散歩して、帰りは横須賀中央駅まで歩こう。角を曲がったとたん、異国情緒はすっかり消えて日本の街になる。その変化もまた楽しい。

今回の電車賃

京急電鉄（品川—汐入）……620円
京急電鉄（横須賀中央—品川）……620円

YOKOSUKA軍港めぐり（遊覧船）……1200円

1240円
+1200円

第4鉄 トロッコ列車で行く紅葉の旅——わたらせ渓谷鐵道

燃えるような紅葉に囲まれてみたい——そんな願いは、意外と東京の近くで実現する。オススメは群馬県のローカル線、わたらせ渓谷鐵道《てつどう》だ。旧国鉄足尾線。足尾銅山の閉山や第三セクターへの転換などを経て、トロッコ列車が走る観光路線になっている。沿線の紅葉は「六段染め」や「七段染め」と呼ばれるという。青空、白い雲、木々の緑や赤や黄、そして川床に白御影石《しろみかげいし》の白。関東屈指のフルカラー紅葉車窓だ。

紅葉シーズンのトロッコ座席は予約が確実

浅草発〇七時四〇分発の「特急りょうもう三号」は、東京スカイツリーのふもとを駆け抜け、北千住駅や東武動物公園駅に立ち寄り、たくさんのお客さんを乗せて快走する。途中の複々線区間で走行中に先行列車の追い越し、複線区間でも各駅停車を駅に退避させて突っ走る。そうかと思えば、ラストはのどかな単線区間となる。

終点の赤城駅のひとつ手前、相老《あいおい》駅に〇九時二二分着。ここがわたらせ渓谷鐵道との接続駅になる。町歩きが好きな人は赤城駅まで行ってもいい。赤城駅からわたらせ渓谷鐵道の大間々《おおまま》駅までは徒歩で約二〇分。「東国文化歴史街道」というだけあって、懐かしい建物を見られる。木造の大間々駅も歴史的な建物のひとつ。この駅はわたらせ渓谷鐵道の車両基地がある。トロッコ列車の始発駅でもある。きっぷは「一日フリーきっぷ」がオススメ。一八〇〇円で乗り降り自由な上に、大間々駅と終点の間藤《まとう》駅の往復運賃より安い。

定員制のトロッコ列車に乗りたくて、窓口で「トロッコ列車は空いていますか」と申し出たところ「下りも上りも満席です」とのこと。平日とはいえ紅葉のピーク、やはり予約したほうがいいらしい。残念だが景色が違うわけではないので、ディーゼルカーに乗った。左右どちらの座席の景色がいいかというと、神戸《ごうど》駅までは進行方向右側、そこから原向《はらむこう》駅までは左側、さらに足尾までは右側だ。それぞれ渡良瀬川の渓谷に面している。

しかし混雑した車内ではどちらかを選ばなくてはいけない。そんなときは左側がいい。渓谷に面する時間は短いけれど、神戸から原向までがもっとも美しい区間だ。紅葉の様々な色と針葉樹の緑、そして川には地域の特産の白御影石がゴロゴロしており、晴れた日は光り輝いて見える。ここでしか見られない紅葉の景色。ほかの区間の風景も絶壁があり、線路と谷の向こうへと続く山の重なりに趣があるから、行きと帰りで両側の景色を楽しみたい。夏や春に訪れても、白い川床と緑の山の対比が美しい。

宮脇俊三が国鉄全線完乗を果たした駅

終着駅の間藤は山の中。駅とホームは整備されていて、運が良ければ山肌をカモシカが跳ねていく。駅舎に「時刻表2万キロの終着駅」というミニ展示がある。鉄道紀行作家の宮脇俊三のデビュー作『時刻表2万キロ』で、国鉄全線完乗を達成した駅が間藤駅だ。

宮脇俊三は「中央公論」の元編集長で、のちに中央公論社の役員も務めた。鉄道好きだった宮脇俊三は、歴史書の編集などで全国を巡っているうちに、国鉄路線の九割を制覇していると気づく。当時の国鉄の総延長が約二万キロ。『時刻表2万キロ』は、残り一割のローカル線を巡る旅を綴《つづ》った紀行文学。当時、わたらせ渓谷鐵道は国鉄の足尾線だった。

足尾線は国鉄の赤字対策により廃止されるところだったけれど、地元自治体などが出資して、第三セクター鉄道として存続した。乗り鉄にとって宮脇俊三は神様のような存在で、記念すべきこの駅を訪れるファンも多い。

足尾銅山観光、ガソリンカー、キハ三五、鉄道名所がいっぱい

足尾銅山は閉山後、観光施設となった。最寄り駅は通洞だ。駅から徒歩すぐの場所に坑道入り口がある。入場するとトロッコタイプのバッテリー電車で坑道に入っていく。このトロッコは演出のひとつで、実はすぐに降ろされてしまうのはご愛嬌。暗い坑内を歩いて

いくと、人形たちが銅山の仕事を再現している。奥に行くほど歴史が進み、手掘りから機械掘りへ移り変わっていく。銅山稼働時代の記録写真を紹介する映像も必見だ。

通洞駅付近にはもうひとつ、足尾歴史館がある。こちらも銅山に関する様々な資料を展示している。鉄道ファンにとって見逃せないポイントは、復元されたトロッコ鉄道のガソリンカー。かつて足尾の町にはトロッコ鉄道網があって、都会の路面電車のように人々の生活の足として君臨していた。なんと無料で利用できたという。トロッコそのものは銅山で使ったお下がりかもしれないが、無料とは銅山で潤った町らしいエピソードだ。

四月から一一月までの毎週日曜日、ガソリン駆動の機関車がトロッコ車両を牽引《けんいん》するという。今日は平日なので運行していなかった。それでもガソリンカーを見に来たと告げたら、職員の方が機関車を見せてくれた。ＮＰＯ団体の運営で、カンパを募っているという。丁寧な応対に感謝して、ポケットの中の小銭をそっくり差し出した。

通洞駅の隣の足尾駅には、国鉄足尾線時代に当地で活躍した車両が保存されている。ディーゼルカーのキハ三〇形とキハ三五形、タンク貨車のタキ三五〇〇〇形とタキ二九三〇〇形だ。キハのキは気動車のキ、ハはイロハのハで三等車、現在は普通車を示している。キハ三〇形、キハ三五形は都市近郊の通勤路線に使われたタイプで、扉が車体の外側に吊るされている形が特徴だ。タキのタはタンク車のタ、キは積載物の重量が最大級の二五トン以上であることを示している。ちなみに、貨車の積載重量記号はムラサキだ。ムが一四〜一六トン、ラが一七〜一九トン、サが二〇〜二四トン、キが二五トン以上となる。一三トン以下の貨車には重量記号がつかない。

これらの車両は放置状態だったそうだが、足尾歴史館の方のお話によると、ＪＲの関連会社が好意で再塗装してくれたとのこと。きれいな姿だ。

トロッコ列車、満席でも「窓付き」ならチャンスあり

わたらせ渓谷鐵道の日中の運行は一時間から一時間半に一本。通洞駅から足尾駅まででは線路沿いに徒歩一〇分ほどだから、両駅を巡るなら次の列車を待つよりも歩いたほうが早い。通洞駅の駅長さんにも「トロッコ列車は空いていますか」と聞いたところ、やはり「満席です」とのことだった。しかし「窓付きのほうならあるけど」という。トロッコ列車は四両編成で、中間に窓のない吹きさらしのトロッコ車両、前後に普通の客車、つまり「窓付き」がついている。トロッコ車両は満席で、普通客車は空いているという意味だ。だったら相老でも大間々でもそう言ってくれたらよかったのに。

それはともかく帰りはトロッコ列車に乗車できた。トロッコ車両ではないけれど、普通客車は旧国鉄のスハフ一二形客車だ。往年の鉄道ファンにはこちらのほうが懐かしい。スハフ一二形のカタカナ記号の意味は、スが車両重量三七・五トン以上四二・五トン未満、ハは普通車、フはブレーキのフで車掌室と手動ブレーキがついた車両となる。

風を浴びながら、のんびりトロッコ列車の旅

足尾から大間々までのトロッコ列車の旅は快適だ。トロッコ車両のテーブルには団体予約という紙が貼《は》られていた。団体が乗車するまでの区間でこっそり見物させていただく。夕刻の列車は風が冷たく、普通客車に緊急避難する人もチラホラ。最後部の普通客車はガラ空きで、私は主にこちらで往年の客車列車の旅を満喫した。トロッコ列車は開放感があるけれど、客車列車も窓を開ければ心地よい風が入ってくる。

最後部の窓を開けて紅葉を撮影する。お客さんが少ないし、もっとも後ろだから、冷たい風が入っても迷惑にならないだろう。わたらせ渓谷鐵道でトロッコ列車をオススメする理由は、開放感だけではなく、窓を大きく開けられること。ディーゼルカーは大きく窓が開かない。そして窓ガラスに薄い汚れがついていた。これでは紅葉の色を楽しめないし、カメラで車窓を撮ろうとしてもピントが合わない。停車中にハンカチで拭《ふ》いてみたけれど、汚れがこびりついていて取れない。景色を売り物にする鉄道会社は、窓ガラスをきちんと磨いてほしい。

そんな理由でトロッコ列車をオススメするのは、決して私の本意ではない。トロッコ列車の本当の魅力は、窓から流れ込む渓谷のさわやかな空気と、ディーゼル機関車から漂うかすかな煙の香りだ。風景との一体感だ。しつこいようだが、ここは東京から日帰り圏内。今や貴重な客車列車の旅は、こんなに近いところにある。

今回の電車賃

6220円
+1150円

東武鉄道（浅草―赤城）
……1160円（+特急料金800円）
わたらせ渓谷鐵道（一日フリーきっぷ）
……1800円
わたらせ渓谷鐵道（トロッコ列車乗車整理券）
……500円
東武鉄道（赤城―浅草）
……1160円（+特急料金800円）

足尾銅山観光入坑料金……800円
足尾歴史館入館料（一日会員券）……350円

第5鉄

江の島へイルミネーションを見に行こう
――湘南モノレール&江ノ島電鉄

二〇〇九年のクリスマス頃から、全国のローカル鉄道でイルミネーションが流行した。私が知っているだけでも、わたらせ渓谷鐵道、秩父鉄道、山万ユーカリが丘線、小湊《こみなと》鐵道、養老鉄道、福井鉄道、リニモ、三岐鉄道、しなの鉄道、近江鉄道、阿佐海岸鉄道、やまぎんレトロライン、広島電鉄などがある。大手私鉄のターミナル駅なども含めると、かなりの数になるだろう。おかげで日の短い冬の鉄道旅が楽しくなった。

神奈川県の江ノ島電鉄、通称江ノ電でも、四つの駅でイルミネーションが施され、ロマンチックな気分を盛り上げている。実施期間も長く、クリスマスからバレンタインデーまで開催されているそうだ。

明るいうちに寄り道、どうしても、あの顔が気になる

今回の目的地は江ノ電と江の島だ。しかし大船駅で途中下車した。実は、子供の頃から

気になっているところがあった。それは、大船駅そばの大きな観音様だ。

東海道線の窓から見上げると、大きな白い顔がこちらを見つめている。特に寝台特急で帰ってくると、そのお姿は朝陽に照らされてまばゆく光り、子供の頃に見た特撮ドラマ『ロボット刑事』の「マザー」のようだった。ロボット刑事は一九七三年に放送された特撮ドラマで、原作は石ノ森章太郎。刑事ロボットKが「マザー」と叫ぶと、Kの基地が現れる。その基地は女性の姿をしていた。あの観音像を見るたびに、「マザー」と叫びたくなってしまう。気になりつつも通り過ぎていたけれど、今日の散歩はイルミネーションがテーマ。日暮れからスタートだから、明るいうちに寄ってみよう。念願の対面だ。

駅を出て橋と道路を渡り、果物屋さんの角を曲がると参道だ。急な坂道を上れば境内に着く。列車の窓から見ても大きかったお姿は、近づくとさらに大きい。そして優しいお顔をしていらっしゃる。よく見ると、おでこにも観音様がいる。もしやあれが本体か。ファティマの原型だろうか。えーと、ファティマとは、永野護原作の『ファイブスター物語』に登場する女性型人造人間だ。戦闘ロボット、モーターヘッドのパイロットのパートナーとして、中枢回路を制御する存在。失礼。世代ネタ、アニメネタは自重しよう。

この観音様は大船観音といって、一九六〇年に完成したとのこと。制作開始は一九二九年で、なんと完成まで三一年もかかっている。護国観音として作り始め、完成半ばで世界恐慌のため寄付金が不足。そのまま第二次大戦となり建立中止。しかし戦後は復興推進のため、財界をはじめ各界の著名人が資金を提供したという。その中には東急電鉄初代社長の五島慶太の名前もある。……おや、ちゃんと鉄道にゆかりのある観音様だった。よかった。ちなみに観音様の中も見学できて、建立の経緯が紹介されている。

湘南モノレールはスリリングな生活路線⁉

大観音様の広場から大船駅への眺望は鉄道好きにオススメだ。東海道線の旅客列車、貨物列車、横須賀線、根岸線も見える。そして奥には湘南《しょうなん》モノレールも通っている。

この湘南モノレールがとても楽しい。ふだんは横須賀線で鎌倉へ行くという人も、ぜひ一度はお試しいただきたい。ここ大船からは江の島へ直行できる。JRの「鎌倉・江ノ島パス」では、江ノ電と湘南モノレールが乗り降り自由区間に含まれている。

湘南モノレールは三菱重工が懸垂式モノレール事業を推進するために作ったものだという。戦後の好況期に各地でモノレールのブームが沸き上がっていたそうで、これは大企業が計画した実験線ともいえる。

沿線には三菱グループの社宅も作られて、線路設備だけの実験ではなく、生活に密着した交通機関としての特性もアピールしたという。現在も大株主は三菱重工で、駅構内にも三菱グループの広告を見かける。沿線には三菱プレシジョンという会社の工場があって、交通分野や航空宇宙関係の事業を担っているそうだ。

大船から江ノ島まで、六・六キロメートルのルート設定は絶妙だ。丘陵地帯の片側一車線道路の真上に作られた。バスとマイカーが渋滞する様子を下に見て、電車はスイスイと走り抜けていく。単線ながら列車交換設備も多く、日中は七分三〇秒間隔で運行する。

　古くから栄えた商店街の頭上をモノレールが走る。その姿は近未来的で面白いけれど、惜しむらくはバリアフリー設備がないこと。狭いところに駅や階段を工夫して作ったから仕方ない。もっとも、なんとかスロープやエレベーターを作ろうという話はあるらしい。

　モノレールの電車は大船を出ると、右手に大観音様を見ながら左へカーブ。市街を見渡し丘を越えたところに湘南深沢駅がある。ここにはモノレールの車庫がある。降りて見物してみると、いかつい保線車両を発見した。珍しい車両を見られて満足。駅に戻り、さらに大船方面に歩くと広大な空き地がある。

湘南モノレールは「懸垂式」

　ここはJRの大船工場の敷地だったけれど、縮小された部分を鎌倉市が購入した。再開発が行われるようで、付近にはJR新駅の計画もあるらしい。鎌倉市が購入したJR用地には、市の指定有形文化財「泣《なき》塔《とう》」がある。戦国時代の戦死者を弔うために、地元の人々が建てたものだという。
　モノレールの線路の下には洲《す》崎《ざき》古戦場跡の碑も立っている。歴史の文献をひもとけば、ここは新田義貞が鎌倉を攻め落としたルートなのだ。意外なところで歴史散歩も楽しめてしまった。湘南モノレール、侮りがたし。

さて、湘南モノレール自体の楽しさは湘南深沢駅の先にある。ここから電車はスピードを上げアップダウンする。懸垂式だから、カーブでは振り子のように外に投げ出される感覚もある。吊られているから足元には何もない。車両の中央部の席に座っていれば怖くないけれど、運転席の後ろから前を見つめるとかなりドキドキする。

懸垂式モノレールがトンネルに入るという珍しい場面もあり、このトンネルの断面も小さめで、肩をすぼめたくなるほど。ただし、運転席の後ろから眺めたいなら夕方以降は避けよう。客室との仕切窓に光反射対策の暗幕が下りてしまう。

江ノ電イルミネーション散歩

江ノ島電鉄のイルミネーションは二〇〇三年冬からの恒例イベントとのこと。もともとは江ノ電が経営する「江の島展望灯台のリニューアルオープン」に合わせたイベントだった。イルミネーションは一一月から二月半ばまで。クリスマスやバレンタインデーのデートスポットとしてオススメだ。江ノ電でイルミネーションに彩られる駅は、江ノ島、鎌倉高校前、長谷、鎌倉の四駅である。

江ノ島駅のイルミネーションは「星降る駅」というテーマ。駅舎全体を一万二〇〇〇個の光のラインで飾り、ホームの天井にはミルキーウェイを再現したという。駅舎の三角の造形が光のラインで強調されてシャープな印象だ。ミルキーウェイはカラフルなキャンディをちりばめたようで、全体的にお菓子の家のよう。この江ノ島駅の藤沢行きホームには、精巧にできた江ノ電のNゲージとプラレールのレイアウトが展示されている。特にNゲージは見事。ボタンを押すと電車が走り出す。三〇分でも一時間でも眺めていられる。

次は鎌倉高校前駅だ。海の真ん前にあるこの駅のテーマは「光の泡」。海から打ち寄せる波の白さが、そのまま立ち上り、光の泡となって駅の屋根に漂うイメージ。ここは並行する道路からもよく見えるので、クルマの助手席からケータイのカメラを向ける人も多い。そしてホームからはライトアップされた江の島展望灯台もよく見える。

長谷駅は外から見てもライトアップに気づかない。しかし駅舎の中へ一歩入れば見事な装飾だ。テーマは「色づく光の木々」で、なんと秋の紅葉をイルミネーションで再現したという。この駅は停車中の電車とイルミネーションを組み合わせた写真を撮りやすい。電車がいない場合も、向かいのホームのイルミネーションを合わせて奥行きのある光景となる。四つのイルミネーションの中で、私のオススメはここだ。

終点の鎌倉駅は長谷駅とは逆で、ホームには光の装飾がない。気づかずに乗り換え連絡口からJRへ向かってしまいそうになる。いやちょっと待て、と思い出し外へ出てみると、鎌倉駅の駅舎外観がイルミネーションで飾られていた。テーマは「光の駅舎」。駅を五〇〇〇個の光のラインでふちどり、二階の窓をステンドグラスにした。ひっそりと落ち着いた駅前ロータリーによく似合う、抑えめで好ましい装飾だった。

最後にもうひとつイルミネーション情報を。クリスマスシーズンに江ノ島展望灯台もライトアップが実施されている。これらはいったんお休みとなるけれど、バレンタインデー付近に再びライトアップが実施される。冬の江の島大橋は冷たい風が吹くけれど、デートなら寒くないかも？

今回の電車賃

1970円

JR東日本（鎌倉・江ノ島フリーきっぷ）
……東京山手線内から1970円
（2011年3月で販売終了）

※参考
今行くなら現地のみのフリーきっぷと
往復電車賃を組み合わせる。
JR東日本（東京─大船）……780円
JR東日本（鎌倉・江ノ島パス）……680円
JR東日本（大船─東京）……780円
合計　2240円

第6鉄

ふたつの塔でパノラマくらべ
——鹿島臨海鉄道でRPGな旅

ぼんやりと車窓を眺めつつ、ときどき居眠り。ふと目を開ければ非日常な景色……そんな旅をしてみようと、今回は茨城県の鹿島臨海鉄道に乗ってみた。東京から快速列車で約二時間。鹿島神宮から水戸へ、海沿いを北上する路線だ。神社、湖、ふたつの塔。ロールプレイングゲームのようなキーワードを、赤いディーゼルカーが結んでいる。

茨城県は郷愁を誘うローカル私鉄がいくつかあった。そのうち日立電鉄と鹿島鉄道は廃止されてしまったが、茨城交通は第三セクターとして再生し、ひたちなか海浜鉄道として生まれ変わった。鹿島臨海鉄道は臨海工業地帯の貨物輸送が主力で揺るぎない存在である。しかし、これらふたつの鉄道は東日本大震災で線路が被災してしまった。関係者の痛み、地域の人々の悲しみ。そこから沸き立つ復旧工事の明るい知らせ。全線復旧したら再訪しようと心に誓った。

大洗鹿島線の復旧は二〇一一年七月。その一カ月後の八月に大洗《おおあらい》鹿島線を旅した。鉄道だからできる旅ってなんだろう。そんなことをぼんやりと考えながら。

東国平定の守り神、地震から鹿島を守る

鹿島神宮駅から緩い坂道を上り、てくてく歩くと参道に出る。地震の影響は道路にひび割れがすこしあるくらいで、店も開いていた。平日の参道はふだんと変わりなく落ち着いているように見えた。汽車が運ぶレストラン、というガラス張りの店があって興味深いけれど、お昼ご飯は食べちゃったんだよな。

鹿島神宮の入り口は何やら工事中の様子。小さな木を植え、四角く囲み、しめ飾りがしつらえられている。これは何かと尋ねたら、鳥居の復旧工事とのこと。あ、そういえば神社につきものの鳥居がない。大地震のときに倒れてしまったそうだ。しかし、鹿島神宮界隈で大きな被害といえばこの鳥居だけで、地元の人々は「鳥居が厄災をすべて引き受けてくれた」というそうだ。

鹿島神宮の祭神は武甕槌神《たけみかづちのかみ》。武神、軍神として信仰されているという。香取神社の祭神、経津主神《ふつぬしのかみ》とは東国平定の戦友だそう。するとJR鹿島線は神々の前線基地。大洗鹿島線は東国遠征の進軍ルートにあたるかもしれない。

さらに北に常磐線の大甕《おおみか》という駅があって、今はなき日立電鉄の乗換駅だった。大甕って珍しい地名だなと調べてみたら、付近にある大甕神社が由来。大甕には土着神の甕星《みかぼし》香々背男《のかがせお》がいて、神々の日本平定に最後まで抵抗したという。その甕星香々背男と戦った神様が鹿島神宮の武甕槌神と香取神社の経津主神だった。

ところが武甕槌神と経津主神の力をもってしても甕星香々背男は征服できず、建葉槌《たけはづち》命《みこと》が乗り出して制圧した。建葉槌命は天岩戸に籠もった天照大神を誘うために織物を作った神様。大甕神社は建葉槌命を祀《まつ》っていて、甕星香々背男は大甕神社の宿魂石に封じられた。

鹿島が大震災で大きな被害にならなかった理由は、武甕槌神が甕星香々背男の復活と思い込み、必死に抵抗したからではないか……などと想いを馳せてみる。神社って観光地のひとつくらいに思いがちだが、調べると奥が深い。

さて、駅に戻って旅を始めようか。

ちょうじゃがはましおおさいはまなすこうえんまえ、で降りる

鹿島神宮駅はJR鹿島線と鹿島臨海鉄道大洗鹿島線の乗換駅。本当は隣の鹿島サッカースタジアム駅がJRと鹿島臨海鉄道の境界で、鹿島臨海鉄道が一区間だけJR線に乗り入れている。ちなみに鹿島サッカースタジアム駅は境界駅なのに臨時扱い駅で、スタジアムでイベントがない日は全列車が通過してしまう。そして今日も通過。スタジアムの威容もするっと遠ざかってしまった。

この大洗鹿島線は鹿島サッカースタジアム駅から水戸駅までの五三キロメートルを結ぶ。もともと国鉄の路線となるはずだったのが、建設中に国鉄の赤字が問題になってしまい、

国鉄は引き受けなかった。そこで臨海部の貨物線を運行していた第三セクターの鹿島臨海鉄道が引き継いだ。

国鉄向けで重量貨物対応の高規格線路を、赤いディーゼルカーが一両または二両連結で走る。のんびりとローカル線といっても、線路がいいから揺れも少なく、速度も速い。そのせいか日中でも利用客が多く、どのクロスシートも一人か二人座っている。

この路線の名物のひとつは「日本一長い駅名」だ。「鹿島サッカースタジアム」も長いけれど、ふたつ隣は「長者ヶ浜潮騒はまなす公園前」。音数で日本一、文字数では二番目に長い。ちなみに文字数も含めた日本一は九州の南阿蘇鉄道にある「南阿蘇水の生まれる里白水高原」駅となる。「長い」「日本一」という話題作りのための駅名で、かつてはもっと長い駅名もあった。

長い名前など後出しで作れるわけで、どうでもいい。でも、はまなす公園は見どころがありそうで降りてみた。

激しい通り雨に見舞われつつ一五分ほど歩き、雨が上がったところで公園着。庭園風の遊歩道をひとめぐりしたあとで展望塔へ。海抜七七メートルだそうで、オフィスビルでい

日本一長い駅名。駅名標は文字だらけ

うと二五階くらいだろうか。三六〇度の見晴らしで、鹿島臨海工業地域、鹿島灘を一望できる。列車からよく見えなかった鹿島サッカースタジアムの全容も見えた。

海岸にシイタケをスライスしたような形の突堤がいくつか見える。壁の説明書きによると、「ヘッドランド」といって、海岸の砂浜の消失を防ぐ施設だそうだ。鹿島灘沿岸の開発と、付近の河川の護岸工事のおかげで砂浜に砂が供給されなくなり、流出超過になっているという。ヘッドランドは利根川河口付近の波崎から大洗海岸にかけて、約七〇キロメートルの海岸に三四基も作られた。効果はいかほどかと思うけれど、震災の津波でさらに砂が流されたかもしれない。

北浦湖畔でバードウォッチ

鹿島臨海鉄道というけれど、大洗鹿島線から海は見えず、列車は田んぼの中を走っていく。「臨海」部は同社が元から運営していた工業地帯路線だけらしい。どこか景色の良いところはないかと地図を見れば、北浦湖畔駅が湖に接している。なんにもなさそうだけれど、なんにもないところがきっといい。築堤の上の駅で降りた。線路の先は緩いカーブになっており、ホームからの眺めも良い。水面の輝きと緑の田んぼ、青い空、赤いディーゼルカー。うまく写真を撮れたらポスターかジグソーパズルになりそうだ。

思った通り、水田と湖以外は何もない。駅前だがコンビニもよろず屋もなかった。民家は駅の向こう側にいくつか見えていた。それでもせっかく降りたから、田んぼの脇の道を湖畔まで歩いてみた。民家が少ないと野良猫すらいない。しかし、遠くに白い鳥が群れを作っている。きっと白鷺《しらさぎ》だろう。つがいを作ってデートをするように舞う姿もある。ここは白鷺の楽園だ。

彼らは水田の蛙《かえる》やオタマジャクシなどを食べる。だけど鷺の巣は森の中にあって、雛《ひな》のためにオタマジャクシを運んでいく。その途中で落とすことも多く、各地でオタマジャクシが降る現象で話題になった。森林が減って宅地が増え、鷺の巣が遠くなっているようだ。

次の列車まで三〇分以上ある。白鷺の飛ぶ姿にカメラを向けた。ちょっとしたバードウォッチングだ。仲むつまじい二羽の姿、離着陸の動的な瞬間を捉えようとするけれど、レンズを覗《のぞ》いたときに限って彼らは動かない。鳥のくせに飛ばないとはサギじゃないか。

締めくくりは大洗マリンタワー

この先、大洗鹿島線はもうひとつ湖畔を通る。涸沼《ひぬま》といって、海水が流れ込む汽水湖だ。全国有数のシジミの産地。最寄り駅は涸沼駅。湖の景色は北浦で堪能したし、次は大洗駅付近を歩くつもりだから、ここは通り過ぎた。高架の線路から湖面が見えて、こちらは民家も多いようだ。今日は鹿島神宮以外で街歩きをしていないから、もうすこし早起きしてくれば立ち寄れたかと、すこし悔やむ。

赤いディーゼルカーが北浦湖畔を走る

広い大地を長いトンネルで通り抜ける。贅沢《ぜいたく》な線路だと思う。国鉄末期の高規格路線、おそらく長大な貨物列車も想定して、踏切を廃し、高架線路とトンネルを通したのだろう。そのトンネルを出ると、右手の遠くにガラスの塔が見える。大洗マリンタワーだ。あそこを今日の旅の締めくくりにしよう。

大洗駅は高架駅でホームは二面。車両基地もあって、鉄道好きには良い眺めだ。数両の赤いディーゼルカーの中に、めんたいこ製造会社かねふくの広告車もあった。めんたいパークという施設があり、工場見学もできるそうだ。魚介類が苦手な私もかねふくを認知した。かなり効果の高い広告ではないか。私は売り上げに貢献しないけど。

大洗マリンタワーは大洗駅から約一キロ

メートル。この付近を循環する一〇〇円バス「海遊号」がある……とは、このときの私は知らなかった。海へと見当をつけて歩き出し、塔が見えたらその方向へ。だいたい一五分くらいで着いた。大きく見えるけれど、塔の全高は六〇メートルで、意外にもはまなす公園の塔より低い。

全面ガラス張りの塔は華奢《きゃしゃ》な印象もあって、地震のときはさぞや……と思った。しかし尋ねると、ガラスの破損は一枚もなく、周辺の地盤沈下があった程度だったそうだ。エレベーターには「強い余震が発生したときは安全な階に停止する」と大きな貼り紙があった。展望階行きのエレベーターもガラス張りで、大空へ射出されるような心地になる。

展望階からの眺めも気持ちがいい。陸側は大洗駅、その向こうに日立製作所のエレベーター実験棟が見えた。今日は曇っていたけれど、空気が澄んでいれば日光連山や那須連山まで見通せるらしい。海側は手前の大洗港が興味深い。海外の様々な大型コンテナがずらりと並び、大型フェリー「さんふらわあ」も入港中だ。この船は一八時三〇分に出港し、明日の昼過ぎに苫小牧《とまこまい》に着く。関東に住むバイク乗りにとって、この船は北海道ツーリングの定番ルートのひとつである。

海と陸の景色を堪能し、ふたつめの塔も制覇した。夕陽を眺めたいところだけれど、この日は節電のため一七時三〇分で終了。日没は一八時だから惜しい。一階に降りて、土産物屋を見物した。ここで巡回バス「海遊号」があると知った。一日七回の運行で、歩いたほうが駅に早く着きそうだが、面白そうだから乗ってみる。やってきたバスは小さめながら、座席が窓に向かっているなど楽しい配置になっていた。

大洗駅から大洗鹿島線で水戸に着く頃には日がとっぷりと暮れていた。水戸駅といえば駅弁で「納豆弁当」があったな、と思ったら、その駅弁屋さんは二〇一〇年に撤退してしまったそうだ。残念。駅ビルの中でお惣菜を探そう。

今回の電車賃

1660円

+730円

鹿島臨海鉄道（鹿島神宮—長者ヶ浜潮騒はまなす公園前）……390円
鹿島臨海鉄道（長者ヶ浜潮騒はまなす公園前—北浦湖畔）……350円
鹿島臨海鉄道（北浦湖畔—大洗）……610円
鹿島臨海鉄道（大洗—水戸）……310円

バス「海遊号」……100円
大洗マリンタワー入館料……330円
大野潮騒はまなす公園宇宙展望塔……300円

※参考
JR東日本（東京—鹿島神宮）……1890円
JR東日本（水戸—東京）……2210円

第7鉄

竹取伝説と富士山とつけナポリタン
——岳南鉄道

静岡県富士市にある岳南鉄道は、東海道本線の吉原駅と岳南江尾《えのお》駅を結ぶ九・二キロメートルのローカル鉄道だ。製紙工場からの貨物輸送が主力事業であり、貨物列車好きな鉄道ファンの人気を集めていた。その貨物輸送が終了し、試練のときを迎えている。そんな岳南鉄道を、桜咲く快晴の日に旅した。沿線も路線も魅力たっぷりな春の一日となった。

桜の季節の東海道線は山側がオススメ

今日は東京駅から東海道本線の各駅停車で静岡県の吉原駅を目指す。銀色の通勤電車も、編成の端はボックスシートになっていて旅する気分。湘南新宿ラインの遅れで時間調整したり、横浜駅で特急踊り子号に抜かれたりと、のんびりしている。点在する桜を数えながら心地よく居眠りモードの道中となった。

桜の花は七難隠すとはいわないけれど、桜の時期はどんな路線の車窓も楽しい。都会では意外なところに桜が咲いている。「枯れ木だと思っていたら、あれは桜だったか」という発見もある。緑色の山肌に桜色の帯ができたりする。地下鉄は景色が見えないけれど、それだけに地上に出たときの桜に癒される。街に歓迎されたような気分になる。

東海道本線は根府川あたりの海側の車窓がいい。でも、桜の時期は山側がオススメ。小田原を過ぎると桜、みかん、段々畑……里山の春の景色を楽しめる。特に湯河原の先の一瞬の景色が良かった。カメラを構えたけれどキャップを外していなかった。油断した。

ＪＲ東日本の一五両編成の電車は熱海が終点。ここからＪＲ東海の三両編成の電車になる。熱海はＪＲ東日本にとっては関東のリゾートだ。しかしＪＲ東海にとっては僻地《へきち》だろうか。一五両から三両では乗り継ぎ客が集中して満員だし、ロングシートとは興ざめだ。しかしこの電車、エアサスペンション仕様で乗り心地はよく、トイレも洋式で便座クリーナーも完備。実は長旅にうれしい車両だ。吊り革につかまって、外を眺める。富士山は雲に隠れてしまったけれど、丹沢山系は全容をくっきり見せている。これはこれで良い景色だ。

吉原本町の「つけナポ」を食す

岳南鉄道の吉原駅は、東海道本線の吉原駅から跨線橋《こせんきょう》を渡った先にある。間にある線路は貨物列車が使っていた。ひと月前まで、この線路にはワム八〇〇〇〇形という青い貨車

新名物、つけナポリタンを食す

京王電鉄井の頭線で活躍した電車

がいくつも並んでいた。かつて全国で貨物輸送の主力だったワム八〇〇〇〇形も、コンテナ貨車の普及で廃車が進み、この地が最後の任地となった。鉄道ファンにとって岳南鉄道は「ワムの聖地」と注目されていた。しかし、二〇一二年三月のダイヤ改正で、その貨物輸送が終了してしまった。

　私は貨物廃止の直前に岳南鉄道のイベントを取材した。鉄道だけを取材したけれど、のちに吉原にB級グルメ、つけナポリタンがあると知る。これ、食べてみたかったなあ。というわけで、今回の旅の第一目的は「つけナポを食す」である。

　吉原駅で四〇〇円のフリーきっぷを買い、ふたつ先の吉原本町駅で降りた。

　吉原本町はきれいな街だ。歩道に屋根がつき、車道の舗装も整っている。電車のお客の半分が若い女性で、そのほとんどがこの駅で降りた。おしゃれだし、表情が明るい。きっと地元の製紙産業がこの街をしっかり支えているンだなあ。

「つけナポリタン」は、テレビ番組と吉原商店街がタイアップして作り出したB級グルメ。つけ麺のように麺をスープにつけて食べるスパゲティだ。トマトソースをベースとし、鶏ガラやコンソメなどを組み合わせたWスープが基本。麺とスープは別々に提供するというお約束がある。それ以外は自由ということで、お店ごとに工夫を凝らしているそうだ。

商店街を歩くと、つけナポの普及を呼びかける「つけナポリタン大志館」があった。パンフレットをいただき「つけナポ」発祥の店「喫茶アドニス」へ。早く行かないと昼までに売り切れちゃうかも、と大志館の方に言われた。今は一二時。早足でたどり着いたら「ありますよ」と店員さんの声。安心した。

この店では「つけ富士リタン」というそうだ。スパゲティのようでラーメンのような特注麺を使っていて、本来は桜えびを絡めて炒め、香りを出すという。しかし魚介が苦手な私は桜えび抜きでオーダー。トマト色のスープは鶏ガラベース。具は半熟卵ととろとろチーズ。歯ごたえしっかりの鶏チャーシューがうれしい。噛《か》むとうまみがジュワッと出る。

宿場町・吉原を歩く

お腹いっぱいの帰り道。メインストリートから路地に入り、桜が咲く小さな公園や金魚屋さんを覗いて歩く。「ゴンチャロフキャンディー」と看板に書かれた和菓子屋さん「中山甘納豆」を発見。「ゴンチャロフってなんですか」と尋ねたら、神戸の洋菓子の老舗とのこと。でも今はこの店では扱っていないという。陳列台には煎餅《せんべい》、豆菓子。ショーケースに自家製甘納豆が並ぶ。玉子煎餅と甘納豆を求めて、ご主人とカメラ談義。私と同じ高倍率ズーム付きコンパクトデジカメのファンだとか。私は旅で持ち歩きやすいから。ご主人は野鳥が専門で、小さな静音カメラがいいという。なるほど、お店にも飾っていた。

駅に戻る前に甘いものをもうひとつ。知人のブログで紹介されていたパン屋さんで「ようかんパン」を購入。以前、函館本線の森駅そばのコンビニで買ったから、北海道の食べ物だと思っていた。こちらは富士山名物で、八〇年も作っているのだそうだ。

吉原本町駅の柱の一部には古いレールが使われているんだな、と思いつつ電車に乗って三つめの比奈駅へ。旅客設備は島式ホームひとつだけだが、線路はたくさん。この駅と次の岳南富士岡駅が貨物輸送の拠点だった。岳南鉄道は鉄道ファン向けに「機関車・電車まつり」を開催している。比奈駅はそのメイン会場で、同社の電気機関車が勢ぞろいする。私が取材したイベントもこれだ。駅前はグッズ販売や飲食の屋台で賑わっていた。でも今日はひっそりとしている。貨物輸送が終わったため、この駅は無人駅になってしまった。

比奈駅の構内も、製紙工場へ続く線路も、車両は一台もなし。機関車はどこに行ってしまったか。宴のあとの寂寥《せきりょう》感が漂っている。でも、ホームに作られた花壇には春の花が咲いている。芝生の養生もされているようだ。鉄道の職員さんか、街の人々か。誰かが気をかけてくれているこの駅は、無人駅の中では幸せな境遇かもしれない。

かぐや姫伝説の発祥の地

比奈駅の無人の改札を通ったら、駅舎の天井に「竹採公園」の文字。駅前の案内図を見ると、歩いていけそうな距離だ。かぐや姫伝説の発祥の地だとか。公園には桜もあるだろうし、予定に入れていなかったけど行ってみよう。駅前の道を二〇分ほど歩くと、桜が満開の中学校がある。その手前を右に曲がってしばらく歩くと竹採公園だ。

竹取物語の発祥の地は全国にある。吉原起源説は竹取物語に不死山（富士山）が登場することが根拠となっているらしい。富士山本宮浅間大社にも竹取物語に似た話が伝わっているとか。伝説の竹取物語は、姫が月に帰る話と、不死山に帰る話があるそうだ。

竹林の散歩道。順路には「神来の庭」「竹採塚」「神授の竹」「国司の庭」など、伝説ゆかりのしつらえがある。一五分ほどで巡回完了、いい散歩道だった。

竹採公園に通じる道をさらに進むと、桜が咲く丘がある。岳南忠霊廟《れいびょう》という。岳南忠さんのお墓という意味ではなくて、明治以来の国難に殉じた英霊九三六柱を祀るところだ。丘に上ると、桜の木の間から岳南の町を見下ろせる。あちらこちらから煙突が伸びて、白い蒸気をもくもくと送り出している。富士山と丹沢山系に抱かれ、産業が息づく街。この街の人々の活力が伝わってくる。

そういえば、比奈駅の名前は竹取物語の雛に由来するのかな、と考えながらぼんやりと歩いていたら道に迷った。スマートフォンで地図を表示し、GPS機能で現在地を確認。比奈駅と隣の岳南富士岡駅が同じくらいの距離だ。岳南富士岡駅へ向かおう。大きな煙突を常に右側に見て歩けば着くはず。あとで岳南出身の知人に聞いたら、このへんの子供たちは、遊びに夢中で遠くに行ってしまっても、煙突を目印に家路にたどり着くそうだ。

道すがら、遊水池で遊んでいる子供たちがいた。楽しそうなので様子を見に行くと、小魚を採って遊んでいる。「見せてもらっていいかな」と聞いたら、池の縁に容器を並べてくれた。稚魚のような小さな魚たち。容器のひとつひとつが庭のように飾られている。「伝説のデカがいるンだよ。いた。ほら」とすくい上げた。本当だ、ほかの魚よりひと回り大きい。

「おじさん、何しに来たの。カメラマン?」「違うよ。つけナポリタンを食べに来たンだ。お腹いっぱいでお散歩だ」「私たちもつけナポリタン食べるよ。給食で出るの。あとで感想を書くの」。おお、つけナポリタンの開発に小学生も参加していたとは!

竹採公園を歩いた

機関車がずらりと並ぶ姿は壮観！

子供たちと別れて駅へ。学校の敷地の道路寄りに、見事な花壇がある。豊かな街だなあと改めて思う。そういえば、和菓子屋のご主人ほか街の人々は、私が電車で来たというと、わざわざ電車で来てくれたのかとうれしそうな顔をしてくれた。岳南鉄道は地元の人々に愛されているなぁと思った。

岳南富士岡駅に到着。機関車はここに並んでいた。パンタグラフを下ろし、任を解かれて休んでいる。車体も窓ガラスもピカピカに磨かれていた。岳南鉄道は貨物列車の運行を続けたかったらしい。しかしJR貨物は吉原駅から先の引き受けを廃止。荷主はトラックに切り替えざるを得なかったという。JR貨物が意地悪をしたように思ってしまうけれど、JR貨物にも止むに止まれぬ事情がある。東日本大震災で被災したため、経営を立て直そうと合理化を進めているのだ。そのために高速なコンテナ列車輸送に統一する動きがあるようだ。事情は分かる。でも、この機関車たちに活躍のときが来てほしいとも思う。

……考え事をするとお腹が空く。ようかんパンを食べて電車を待とう。

岳南江尾駅・電鈴式踏切警報機とワンコ

終点の岳南江尾駅。付近は工場と倉庫と住宅街。見物するものは特にない。前に訪れたとき、この駅に黒い猫がいた。スタイルが良くて、カメラを向けると目線を合わせてくれる。野良のくせにモデルの気品。また会えるかと思ったけれど、残念ながら見当たらず。

その代わり、散歩中のワンちゃんたちとすれ違う。匂いを嗅がれる。私も犬を飼っているから、たぶん靴下あたりから犬の臭いがするのだろう。いや、もしかしたら私の加齢臭か。いやいやいや、飼い犬の臭いってことにしておきたい。

この駅のそばには電鈴式踏切警報機があり、チンチンチン……という音が出る。最近は電子音の新型が普及しており、今ではとても珍しいという。そうだっけ？　と思いながら見に行き、電車の通過を待つ。ああ、これ、子供の頃に家の近所で聞いた音だ。懐かしい。

踏切を見物した帰り、大きなスーパーマーケットに入ってみた。ご当地アイテムはなかったけれど、缶チューハイが安かったので数本と、デリコーナーのソーセージを購入。旅ではなく、生活の延長みたいだ。なんとなく岳南に住んでいる人のフリをしてみた。帰りの東海道本線の電車は暗くなって景色が見えないから、これで車中の楽しみができた。

今回の電車賃

JR東日本（東京―吉原）……2520円
岳南鉄道（全線1日フリー乗車券休日用）
……400円
JR東日本（吉原―東京）……2520円

5440円

※参考
岳南鉄道（全線1日フリー乗車券平日用）……700円

第2章　列車だけじゃない！　いろいろな乗り物に乗れちゃう旅

第8鉄

GWの箱根、目指すはケーブルカーとソフトクリーム

アイスクリームは冬も売れるそうだ。確かに暖房の効いた部屋で食べるアイスクリームはうまい。しかし、部屋の中だけではなく、外で食べるアイスクリームも格別だ。特に春の終わりから初夏、ちょっと強めの陽射しに照らされ、涼しい風に冷まされる。こんな時期は景色のいい場所でアイスクリームを食べたい。

それなら箱根に行こう。オススメのアイスクリームがあるのだ。

箱根といえば関東有数の保養地。鉄道ファンなら登山電車が思い浮かぶ。新宿から小田急ロマンスカーで箱根湯本駅へ、そこから箱根登山鉄道でよっこらしょと登っていく。強羅からはケーブルカー、ロープウェイで芦ノ湖へ。遊覧船で湖を渡れば、復元されたばかりの箱根の関所を見物できる。

関所を通ったからには後戻りはしない。熱海行きのバスに乗れば、その道のりは十国スカイラインだ。尾根伝いに海へ向かうバスの車窓も絶景なり。熱海からは東海道本線で帰京。そんな回遊プランができるところも箱根の魅力だ。

登山鉄道もロープウェイもケーブルカーも、遊覧船まである箱根

今回のルートはふたつのケーブルカーを楽しむ。ひとつは箱根登山ケーブルカー、もうひとつは十国峠ケーブルカーだ。ケーブルカーは観光地のアトラクションのひとつだと思いがちだけど、実は立派な鉄道路線だ。一般の鉄道とは違って急勾配を走るし、車両に動力はなく、井戸のつるべのような仕組みで動く。しかし仲間外れにしてはいけない。ケーブルカーは鋼索鉄道といって、鉄道事業法の認可を受けた、れっきとした鉄道である。関東では観光路線ばかりだが、関西では近鉄生駒ケーブルのように住宅街にあって、通勤通学客が利用する路線もある。定期券を販売するケーブルカーも意外と多い。

箱根登山ケーブルカーは一九二一年に開業した。関東でもっとも歴史のあるケーブルカーである。全国にケーブルカーが二三路線ある中で、箱根登山ケーブルカーの特徴は「二両連結」と「途中駅」だ。ケーブルカーというと、一両の車両がふたつの駅を行ったり来たりする様式が多い。しかし箱根登山ケーブルカーは、二両編成で中間駅が四つもあり、駅の数では日本一。箱根という観光地の規模と、その隅々までが開発されていることがよく分かる。車両は冷房付きで、私のような汗かきにはとてもうれしい。

箱根登山ケーブルカーの楽しさは途中駅の停車にある。車両は動力を持たず、ケーブルカーで吊られている状態だから、停止する瞬間に前後に揺れる。斜めにしたエレベーターのような感じで、これは一般の鉄道にはない感覚だ。

ケーブルカーのすれ違いポイントは路線の真ん中に作る。だから、途中駅もすべて等間隔に設置しないと、ふたつの車両が同時にホームに停まれない。停車時にこちらの車両に乗降がなくても、相方の乗降が長引くとじっと待つほかない。その間の静けさがいい。鳥の声、風の音。のんびりした時間が流れていく。

箱根登山ケーブルカーの惜しいところは車窓だ。沿線に建物が多く、木立の向こうに旅館や研修施設などが見え隠れする。地方私鉄の終点付近とあまり変わらない。ケーブルカーは普通の鉄道と同じ。勾配が急だからケーブル方式にしただけですよ、という感じだ。もともとケーブルカーは森の中を走る路線が多く、下方の景色以外は期待できない乗り物である。早雲山駅から先のロープウェイで、大涌谷の景色を楽しもう。

箱根登山ケーブルカーのすれ違いポイント

十国峠ケーブルカーの名物、わさびを使ったアレ

箱根関所跡のバス乗り場から熱海行きのバスは一日一〇本。一〇時から一七時まで、だ

いたい四〇分ごとに一本程度の便がある。そのバスに揺られて約三〇分で十国峠登り口に着く。ここはドライブインだからマイカーで訪れる人のほうが多い。そのドライブインの二階が、伊豆箱根鉄道が運営する十国峠ケーブルカーの乗り場だ。頂上駅までの所要時間は約三分。こちらは箱根と違って景色がいい。沿線も灌木の植え込みが整備され、線路も盛り土の上にある。晴れた日は登り方向の車窓左手に富士山も見える。

　頂上の十国峠駅は本当に「お山のてっぺん」だ。標高七六五メートルの日金山の山頂である。十国峠の十国とは、近くの相模《さがみ》・駿河《するが》・遠江《とおとうみ》をはじめ、遠く甲斐《かい》・武蔵・伊豆・上総《かずさ》・下総《しもうさ》・安《あ》房《わ》・信濃までを指すという。信濃では

十国峠からの景色は、見晴らし抜群で清々しい

なく常陸《ひたち》だという説もある。展望台に立つと、空気の澄んだ晴れた日は確かにすべての地域や山を見通せそうだ。

海が広がる南方向は、まず大島がぽっかり浮かんでいる。空気が澄んでいれば、伊豆半島の小室山と大室山に挟まれるようにして、三宅島、利島、新島も見えるという。なるほどここは絶景だ。頂上には征夷大将軍の源実朝の歌碑がある。鎌倉幕府を開いた源頼朝の息子。実朝は鎌倉から箱根権現へ参るため、十国峠を行き来したという。

さて、箱根ケーブルカーめぐりの締めくくりとして、お待ちかねのアイスクリームをいただこう。今回オススメしたいアイスクリームは十国峠売店の「わさびソフトクリーム」だ。わさびソフトクリームといえば、ソフトクリームにわさびを練り込み、ほんのりとわさびの香りがする。長野や静岡など、わさび産地のお土産屋さんで定番の商品だ。ところが十国峠のわさびソフトはまったく違う。ミルク風味の濃厚なソフトクリームに、すり下ろしたままのわさびをポンと載せたという代物だ。

ソフトクリームにわさびを載せる。
手抜きではなく、ちゃんと理由がある

「おいおい、これはいくらなんでも手抜きが過ぎる」と呆気《あっけ》に取られつつ、フルーツジャムの要領で、わさびとソフトクリームを混ぜながら口に含めばあら不思議。おいしい。辛みが和らぎ、わさびの香りがシャキッと清々しく感じられる。練り込んだ作り置きではこうはいかない。「あとのせシャッキリ」だからこその風味である。洋菓子で使われるミントのような感覚だ。そうか、わさびは日本が世界に誇るハーブなんだ。

売店で聞いたところ、本わさびをソフトクリームの機械に入れると詰まってしまうため、このようなスタイルになったという。作り置きをすると風味が薄まるため、あえてこのスタイルにこだわっているそうな。強い陽射しに心地よい風。そんな日にぴったりのわさびソフト。現在は第一印象で誤解を与えないようにと「生わさびすり下ろしソフト」という名で販売中とのことである。

小田急電鉄・箱根登山鉄道（新宿ー強羅）
……1500円（＋特急料金870円）
箱根登山ケーブルカー（強羅ー早雲山）……410円
十国峠ケーブルカー（十国登り口ー十国峠）
……420円（往復）
JR東日本（熱海ー東京）……1890円

箱根ロープウェイ（早雲山ー桃源台）……1330円
芦ノ湖遊覧船（湖尻ー箱根関所跡）……970円
伊豆箱根バス（箱根町関所跡ー十国峠登り口）
……650円
伊豆箱根バス（十国峠登り口ー熱海駅）……620円

今回の電車賃

5090円
+3570円

第9鉄

筑波山の正しい順路を教えます！——つくばエクスプレス

二〇〇五年夏につくばエクスプレスが開業して以来、筑波山へのアクセスが便利になり、観光客も順調に増加している。小田急の箱根、東武の日光、西武の秩父のように、都心から鉄道で行ける新しい観光スポットとなった。つくばエクスプレスはつくば駅との往復運賃と現地交通機関のフリーきっぷを販売中だ。このきっぷで筑波山を周遊してみよう。

TX秋葉原駅が地下深い理由

つくばエクスプレス、略してTXは秋葉原駅からつくば駅までの五八・三キロメートル。列車の種別は普通、区間快速、快速の三種類。秋葉原駅からつくば駅まで、快速なら四五分。普通なら約一時間かかる。急いでいる人は混んでいても快速に乗りたいし、時間に余裕があれば空いている普通で行く。これはどんな通勤路線でも共通だ。つくばエクスプレスで面白いところは、その習慣が秋葉原駅のエスカレーターにも反映されているところ。

地下深くに作られたつくばエクスプレスの秋葉原駅から、地上へ向かう上りエスカレーターのうち、いくつかは快速運転となっている。スピードは普通エスカレーターの一・五倍という。

ちなみに、つくばエクスプレスの秋葉原駅が地下深い場所にある理由は、もともと東京駅を起点とする計画があったから。東京駅へ向かうには、高層ビルの基礎部分や神田川、東京メトロ日比谷線や都営地下鉄新宿線をくぐる必要があった。

しかし、つくばエクスプレスは当初は大赤字が予想されたため、秋葉原駅起点で建設された。走り始めると業績は好調で、予定通り東京駅への延伸が期待されている。いっそ品川まで延伸してリニア中央新幹線と接続すればいいのにと思うけれど、これ以上は鉄道ファンの戯れ言だと思われそうだから、このへんにしておこう。

つくばエクスプレスで出かけよう

さて、筑波山へ行くならスピード感を楽しむために快速に乗ろう。つくばエクスプレスは新しい路線で線路も高規格で作られている。最高運転速度が時速一三〇キロメートルだ。成田スカイアクセスが時速一六〇キロメートルで走り出すまでは、関東の私鉄としてはもっとも速かった。その速さを快速列車で体験したい。乗車する位置は中間の三号車、四号車がオススメ。一部が四人で向かい合わせに座るボックスシートになっていて、旅をしている気分になる。座席は進行方向左側がいい。晴れていれば遠くに関東北部の山を望める。そして帰りも進行方向左側に。そうすれば、つくばエクスプレスの両側の沿線風景を楽しめる。田んぼの稲が育つ頃は、みらい平を通過してすぐに田んぼアートが見える。色の違う種類の稲を植えて絵を作る仕掛けだ。つくばみらい市のNPO法人「古瀬の自然と文化を守る会」が実施している。つくばエクスプレス開業時以来の伝統的な行事になっていて、見頃は七月中旬から九月中旬までだそうだ。筑波山の観光シーズンとしては市営梅林が満開になる二月頃がいいらしい。でも、つくばエクスプレスの車窓シーズンは田んぼアートの夏がピークだ。

鉄道ファンとしてのオススメ車窓ポイントは南千住と青井の間。つくばエクスプレスは秋葉原から南千住までは地下区間で、南千住から地上に出て、常磐線と東京メトロ日比谷線に挟まれる。その並びで隅田川を渡り、次の北千住の先で荒川を渡る。隣の常磐線は通勤電車、近距離電車、特急電車や貨物列車など様々な車両が走るし、日比谷線には東武伊勢崎線の電車が乗り入れる。どんな電車と離合できるか、そんなところも楽しみだ。

そしてちょっと長い地下区間を経て、中川、江戸川と鉄橋を渡るごとに車窓の建物が減っていく。利根川を渡れば田んぼのほうが多いくらいだ。もっとも、つくばエクスプレスの開業で急速に宅地開発が進んでいるから、景色はどんどん変わっていくだろう。このあたり、実は通勤通学で乗っている人のほうが、日々の移り変わりを楽しめそうだ。

鉄道ファン的車窓ポイントはここ！

次の鉄道ファン的車窓ポイントは守谷《もりや》駅の先。左手の遠くにつくばエクスプレスの車両基地がある。もっとも防音壁が高いのでよく見えず、ちょっと残念なところだ。それでは車内に注目しよう。ドアの上の案内表示器に注目。しばらくすると表示が消えて、すぐに元に戻る。この間はエアコンも止まる。この珍現象は、電化方式の切り替えが原因だ。この場所を境にして、南は直流電化区間、北は交流電化区間になっている。

ひとつの路線なのに、どうして途中から電化区間が異なるか。その理由はつくばエクスプレスよりも北にある気象庁の地磁気観測所だ。近くに直流電流を通すと観測に支障が出るため、守谷から北は交流電化となった。ならば全線交流電化でもよかったと思うだろう。しかし守谷から南側は地下区間が多いため、直流電化のほうがいい。なぜなら、交流電化方式は架線に二万ボルトの高圧電流を使う。すると安全のため、トンネル断面を大きくしなくてはいけない。トンネルが大きくなると建設費用も大きくなるし、ルートの確保も難しくなる。そこで直流・交流のふたつの電化方式を併用した。

この電化区間の特徴によって、つくばエクスプレスの電車も二種類が用意されている。すべて同じ顔をしているけれど、秋葉原と守谷の間だけ走る電車は直流専用の一〇〇〇系、秋葉原からつくばまで直通する電車は交流直流両対応の二〇〇〇系となっている。見分け方は、車体側面の車両番号のプレートだ。紺色なら一〇〇〇系、赤色なら二〇〇〇系。また、短距離用の一〇〇〇系の座席は全車両とも通勤タイプのロングシート。長距離用の二〇〇〇系は中間にクロスシートの車両がある。

終点のつくば駅は地下にある。外に出るとガラス張りのおしゃれな建物が並んでいる。つくばには筑波大学をはじめとする学術研究施設や、半導体大手インテルの日本法人など、先端企業が集結。霊験あらたかな筑波山のイメージとは違い、意外と若さあふれる街だ。

ここから筑波山までは筑波山シャトルバスで行く。ケーブルカー乗り場に近い筑波山神社入口までは約四〇分。ロープウェイ乗り場があるつつじヶ丘レストハウスまでは約五〇分。ちょっと長めのバス旅となる。しかし景色は退屈しない。道路は並木が整備され、大学などの建物は緑に囲まれていて、アメリカの郊外を走っているようだ。道が細くなると日本の田舎の風景に戻り、車窓右手の前方に筑波山が姿を見せる。

筑波山はロープウェイ、ケーブルカーの順で回るべし

筑波山は男体山と女体山が連なっていて、ケーブルカーは男体山、ロープウェイは女体山にある。頂上は尾根道で結ばれ、ふもとの駅同士はバスで結ばれる。これらを組み合わせた回遊路ができているから巡りやすい。乗り物も、ちょっとした山歩きも楽しめる。ケーブルカーで登ってロープウェイで下りるか、逆にロープウェイで登ってケーブルカーで下りるか。どちらがいいかというと、先にロープウェイに乗ったほうがいい。つまり「つ

筑波山ロープウェイは74人乗りの大型

ケーブルカー乗り場までは長い上り坂

くば駅からシャトルバスで終点・つつじヶ丘レストハウスまで行く」が正解だ。

先にケーブルカーに乗るパターンだと、筑波山神社入口のバス停からケーブルカー乗り場までがかなり長い上り坂になる。ケーブルカー乗り場は筑波山神社の奥にあって、階段の数も多い。ケーブルカーの筑波山頂駅からロープウェイの女体山駅までの尾根道も上り坂が多い。逆回りで先にロープウェイに乗ると、これらの坂はすべて下り。このほうが絶対にラクだ。私は先にケーブルカーに乗るルートで懲りている。だから先にロープウェイで登ろう。尾根道の距離は短いとはいえ立派な山道で、ハイヒールや革靴は通用しない。

筑波山山頂からの眺望はとても良い。関東平野の北限にあたるところだから、眼下には筑波研究学園都市、土浦市などを見下ろし、晴天で空気が澄んでいれば東京まで見渡せる。特に冬は夜景がすばらしいそうで、一〇月から一月まで、ロープウェイが夜間運行を実施している。一一月からはシャトルバスの夜間臨時便も出るという。都心の会社を早引けして、つくば駅一七時三〇分のバスに乗れば、日帰りで夜景観賞デートができる。

私のオススメはロープウェイから眺める田園風景だ。夏の時季、黄緑色の水田が広がり、小さな丘が点在する。その風景は水田の海に浮かぶ小島のようで、「陸の松島」あるいは「陸の瀬戸内」とでも呼びたいほど。豊かな穀倉地帯を見れば、ここで作った米を食べたいと思うことだろう。ちょっと重いけど、米と漬け物を買って明るいうちに帰ろうか。

つくばエクスプレス（筑波山きっぷ 秋葉原発）
……4300円
つくばエクスプレス各駅からつくば駅、つくば駅から直行筑波山シャトルバス沼田バス停までの往復きっぷに加え、筑波山ケーブルカー、筑波山ロープウェイ、直行筑波山シャトルバス（沼田―つつじヶ丘）が乗り放題。2日間有効。

今回の電車賃

4300円

第10鉄

晴れた日は紅葉と夜景を楽しむ
——丹沢・大山観光電鉄

ケーブルカーと聞いただけでワクワクする。ケーブルカーの多くは山の中。ケーブルカーに乗ることは、四季折々の風景や眺望が約束されたも同然だ。

丹沢山系の大山にあるケーブルカーは、相模湾を見下ろせる。紅葉の時期は沿線の名所でライトアップも実施され、遠くに夜景も楽しめる。東京都心から電車とバスで一時間半の近さだが、時間に余裕を持って出かけたい。昼間から夕景、夜景への変化を楽しもう。

ケーブルカーを楽しむなら、足腰が元気なうちに!

ケーブルカーで眺望を楽しむのが目的なら、昼過ぎに到着するつもりでのんびり出かけてもいい。今回は夕暮れどきを狙ったので、都心で昼食をとってから出かけた。東京・新宿から小田急の快速急行で五四分の伊勢原駅。南口は大型ショッピングセンターもあって都会的だが、北口はのどかな雰囲気だ。ここから神奈川中央バス「大山ケーブル行」に揺られること約三〇分、バスの終点は丹沢大山国定公園の中だ。

大山ケーブルカーで出かけるにあたってアドバイス。女性はハイヒールやサンダルではなく、スニーカーなど歩きやすい靴を履こう。登山靴までは不要だが、かなり歩くことになる。

もうひとつ。足腰が元気なときに行こう。ケーブルカーは登山しなくても眺望の良いところへ連れていってくれる。ただし大山ケーブルカーは乗るまでが大変だ。

何しろ「大山ケーブル」バス停から「大山ケーブル駅」までは約五五〇メートルの上り坂。坂というより、ほとんどが階段になっている。「こま参道」と呼ばれており、沿道にはお土産屋さんや豆腐料理の店が並んでいる。ケーブルカーを目指して直行すると息が切れる。沿道のお店を冷やかしな

大山ケーブルカーは眺望良し

がら、のんびり歩くといい。上りのお客に商品を勧める店員さんはいないようだ。荷物が多いと大変だと知っているからだろう。「帰りに寄っていってね」と、笑顔で見送られつつ駅へ向かった。

大山は標高一二五一・七メートル。別名を雨降り山といって、昔から地元の農民に雨乞いの神様とされていたそうである。大山は関東平野の西側にあり、昔も今も天候は西から変わっていく。つまり、大山が雨雲に隠れたら、関東の降雨の前兆となるわけだ。その山頂からは縄文時代の祭事用の土器が出土しているという。

やがて山頂には大山阿夫利神社が作られた。阿夫利の名は雨降りが転じたとのこと。祭神は山の神様「大山祇《おおやまづみの》大神《かみ》」と、「大雷《おおいかづちの》神《かみ》」「高《たか》オカミノ神《かみ》」。「大山祇大神」はイザナギとイザナミの子だという。「大山祇大神」は軍神でもあったそうで、源頼朝をはじめ、多くの武将が信仰した。「大雷神」は天狗の姿という話もある。

これら三体の神様がそろって、人々の海の幸、山の幸を生み出し、商売にも御利益があるとされた。江戸時代には、大山詣《もう》では庶民の信仰と娯楽の対象となって、関東各地に大山詣でをするための組織「大山講」が形成されていく。江戸時代から明治にかけて、大山は関東の庶民にはメジャーな観光地だったというわけだ。

古典落語にも「大山詣り」という演目がある。大山は博打に御利益があるとして、暢気《のんき》な庶民が遊山に行くという噺《はなし》だ。ＣＤを買うなら五代目古今亭志ん生がオススメ。当時の貨幣価値や断髪の重大さを独自に補足した名作といわれているそうだ。

なんと二一年も運休していたケーブルカー

庶民に大人気の大山詣でのために、道中を楽にしようと建設された施設がケーブルカーだった。開業は一九三一年で、当時は大山鋼索鉄道という会社が運行していた。ところが開業から一三年目に国から廃止を命じられてしまう。第二次世界大戦が始まり、不急不要路線と認定されたからだ。「大山祇大神」は軍神でもあったはずだが、江戸時代から続いてきた娯楽色がいけなかったらしい。

現在のケーブルカーは廃止から二一年後の一九六五年に復活した。高度経済成長によって団体旅行が増えた時期でもある。

大山ケーブルは路線距離八〇〇メートル、高低差は二七八メートル。大山ケーブル駅を出たケーブルカーは、トンネルを通り抜け、カーブした線路を行く。曲線区間でケーブルによる誘導は難しい技術のような気がするけれど、しっかりした足取りでグイグイ登る。

ケーブルカーのすれ違い地点は大山寺駅。その名の通り大山寺の最寄り駅だ。大山寺の次が終点の阿夫利神社駅。大山ケーブル駅から阿夫利神社駅までの所要時間は約六分だ。ケーブルカーに乗っている間、山を登っていく気分で上を見たい。しかし下を見れば、手前の森の向こうに相模湾の風景が広がっていく。この景色の動きはとても立体的で、自分が高みに上っていくんだ、と実感させてくれる。

日の短い時期なら夜景も楽しめる

大山ケーブルカーの駅は二〇〇八年一〇月に改名された。かつてはふもとが「追分《おいわけ》」駅、途中駅が「不動前」駅、上の駅が「下社」駅だった。今の駅名はとても分かりやすいけれど、昔の駅名もいい雰囲気だ。ちなみに下社駅の由来は、この駅付近の神社が大山阿夫利神社の下社だから。大山阿夫利神社は大山の山頂に本社があって、ケーブルカーの駅付近に下社がある。下社から本社までは登山道で、所要時間の目安は九〇分とのこと。さすがにそこまでは遠慮申し上げて、下社でお参りして景色を楽しむとしよう。

秋は下社の紅葉も見事だ。そして境内からは遠く相模湾を一望できる。江の島や鎌倉が見えて、なるほど源頼朝が信仰したわけだと納得。晴れて空気が澄んでいれば、東京の高層ビル群も見えるという。

大山ケーブルカーの最終便は、上下とも平日が一六時三〇分発、休日が一七時発。国立天文台のＷｅｂサイトによると、神奈川県の日没は一〇月中旬から一一月中旬までが一七時以前になる。つまり、この時期に行けば夕刻からの夜景を眺められるはず。

さらに大山寺と大山阿夫利神社は、紅葉がピークを迎える頃にライトアップを実施する。この時期は大山ケーブルカーも夜間延長運転を実施するほか、小田急電鉄も週末に臨時特急を走らせる。来年のカレンダーを入手したら、一一月のページに「大山観光電鉄の紅葉情報をチェック」とメモしておこう。

なお、大山ケーブルカーは大晦日から元旦にかけては深夜運行を実施する。この日は大山阿夫利神社への初詣でと初日の出を見る人で賑わうそうだ。

小田急電鉄（新宿—伊勢原）……570円
大山ケーブル（大山ケーブル—阿夫利神社）
……850円（往復）
大山ケーブルの大山ケーブル—阿夫利神社往復きっぷは途中の大山寺駅で途中下車可能。
小田急電鉄（伊勢原—新宿）……570円

神奈川中央交通バス（伊勢原駅—大山ケーブル）
……300円
神奈川中央交通バス（大山ケーブル—伊勢原駅）
……300円
※参考
小田急電鉄（丹沢·大山フリーパスAキップ）……2140円
小田急線新宿—本厚木区間の往復きっぷと、小田急線本厚木—渋沢間、大山ケーブル、神奈川中央交通バスの指定区間が乗り放題（2日間有効）。

今回の電車賃

1990円
+600円

第11鉄

海底駅、連絡線、昭和の記憶——津軽海峡の今昔を訪ねる

青函《せいかん》トンネルは青森県側、北海道側にふたつの駅がある。ただし列車は停まらない。万が一の事故のとき、避難用として使うための駅だ。このうち、青森県側の竜飛海底駅は二〇一三年一一月まで見学できた。そのために特急列車が臨時停車した。

今回の旅はちょっと遠出して、津軽海峡の乗り物を乗り比べた。竜飛海底駅と地上の青函トンネル記念館の間はケーブルカーが通じていて、これは営業運転する日本最北のケーブルカーだ。かつて活躍した青函連絡船も見物したい。

「あけぼの」と「白鳥3号」の乗り継ぎがベストチョイス

毎年のように廃止が発表される寝台特急列車。二〇〇九年三月に東京と大分・熊本を結ぶ「富士」「はやぶさ」が廃止された。二〇一〇年三月には東京と金沢を結ぶ「北陸」が廃止された。二〇一二年三月には大阪と青森を結ぶ「日本海」の定期運行が終了した。こ

うなると、東京と秋田、さらに青森を結ぶ寝台特急「あけぼの」の去就が気になる。車体も老朽化しているし、今や秋田も青森も新幹線が通じて便利だ。

この旅に出た当時、東奥日報の報道によって、JR東日本秋田支社は「あけぼの」について「当面は存続」という方針が伝えられた。つまり現状通り継続運行ということらしい。安心しつつも、当面は、という言葉遣いは気になる（二〇一三年一一月、ついに「あけぼの」など東北北海道方面の寝台特急の廃止予定が報じられた）。そこで今回は上野から寝台特急「あけぼの」に乗って青森へ。そこから「白鳥3号」で竜飛海底駅へ向かった。

上野発青森行き寝台特急「あけぼの」

竜飛海底駅で下車するために、定員制の「竜飛海底駅見学整理券」を予約した。このチケットは三つのコースがある。函館《はこだて》を出発して見学後に青森へ抜ける「竜飛1コース」、逆に、青森を出発して見学後に函館に向かう「竜飛2コース」、函館発で函館着の「竜飛3コース」だ。青森発は「竜飛2コース」しか選択肢がなく「白鳥3号」を指定されている。

「あけぼの」の青森着は〇九時五六分。「白鳥3号」の青森発は一一時五六分。待ち合わせに二時間も空いてしまう。実はこれがちょうどいい。青森駅の近くに青函連絡船「八甲田丸」が保存され、青函連絡航路の博物館になっている。それを見学すれば、青函航路と青函トンネル、津軽海峡の今と昔を感じられるだろう。

一九八三年、桟橋のラジオ体操

青函連絡船の廃止と青函トンネルの開業は一九八八年だ。もう二十数年が経過している。二〇代以下の若い人は青函連絡船の現役時代を知らない。三〇代の記憶にもほとんど残っていないだろう。すると四〇代の私は青函連絡船を知る最後の世代だろうか。青函連絡船が廃止されたとき、私は二一歳で信州大学に在学中。自動車免許を取ったばかりで、鉄道趣味から離れた時期だ。そんな私の青函連絡船の旅は、そこからすこし遡《さかのぼ》る。一度目が一九八一年の夏、二度目が一九八三年の秋、最後が一九八七年の三月三一日。国鉄最後の日だ。新幹線や特急を含め、国鉄全線の自由席が乗り放題となる「謝恩フリーきっぷ」を使った。

一九八三年の二度目の旅が強く印象に残っている。石川さゆりの名曲「津軽海峡冬景色」と同じように、上野発の夜行列車で青森に着いた。もっとも秋だから雪はなかった。その夜行列車は急行で自由席。これは北海道の国鉄に乗り放題の「北海道ワイド周遊券」を使ったからだ。当時、ワイド周遊券は、フリー区間まで急行列車の自由席を利用できた。

急行の自由席は一二系客車で、背もたれが直角の四人掛けボックス席がズラリと並ぶ。空いていたけれど、硬い四人掛け席で一泊すると、身体の節々が凝り固まった。

早朝の青森駅で急行を降りて、海へ向かってホームを歩いた。階段を上がると連絡船桟橋への通路がある。その先に広い待合室があり、連絡船に乗る人々は乗船名簿用の紙に名前を記入して出発案内を待つ。乗船名簿の紙は、急行列車の車内で車掌さんが配っていたような気がする。その紙は桟橋を通るとき、係員に渡すまでしっかりと持っていた。静かな待合室。ベンチはすべて埋まっていた。私は何をするともなく立っていた。

突然、ピアノ音楽が鳴り響いた。ラジオ体操の曲だ。旅人に身体をほぐしてもらおうという配慮だろうか。すると座っていた人は立ち上がり、立っていた人も荷物から手を離し、ほぼ全員が体操を始めた。もちろん私も加わった。周囲は大人ばかり。身体の動かし方を覚えている人はキビキビと動き、うろ覚えな人は周囲を見渡しながら遅れてついていく。その様子は夏休みの朝の公園に集まる小学生のようだ。体操のあと、旅人たちに緩い一体感があり、桟橋や乗船中で譲り合いの気持ちができた気がする。そんな昭和の旅だった。

操舵室や車両デッキも見学できる「八甲田丸」

二〇一〇年現在、ホームから連絡船桟橋への通路は駅の東西地区を結ぶ自由通路になっている。駅の施設ではないらしく、ホームから続く階段は撤去されていた。海に背を向けて青森駅東口を出ると、そこから徒歩数分で八甲田丸と対面できる。過酷な気象や荒波と戦った往時とは違い、新しい白と黄色のペンキで化粧直しされている。桟橋風のタラップを進むと受付。順路通りに進むと、郷土の展示コーナーの先にミニシアターがあって、そこで青函連絡船の記録映画を観る。貨車を船内に積み込む様子が興味深い。

順路を進むと歴代の連絡船の模型や鉄道車両航送の仕組み、積み込まれた貨車の模型が展示されている。このあたりは客席だったところ。かつて青函連絡船で旅した人なら懐かしいだろう。私は椅子席よりもカーペット席のほうが好きだった。航海時にごろ寝すると、身体がゆっくりと上下して、揺りかごの中にいるような気分だった。食堂には名物の「海峡ラーメン」があった。食べてみたけれど、魚介が苦手な私にはツライ味だったたっけ……。約三〇年も前の旅、今でも思い出せるものだなあ。

展示船となった「八甲田丸」は、現役時代に非公開だったところも見物できる。操舵《そうだ》室、船長室、上部甲板、なんと煙突の中にも入れて、上っていくと三六〇度の展望だ。そこを下りて順路をたどると車両デッキ。ここが鉄道ファンには興味深いところだ。「海の線路」の役目を持った青函連絡船は、カーフェリーで自動車を積むところに当たる部分に線路を設置。港側の線路と接続して鉄道車両を飲み込んだ。

私が旅した当時は貨車しか積まなかった。しかし、過去の連絡船は旅客列車も乗客ごと積み込んだ。一九五四年の洞爺丸事故後に客車輸送が取りやめとなり、この車両デッキに一般客は入れなくなった。

現在、車両デッキは貨車の積み込みに使用したDD一六形ディーゼル機関車や、貨車を船体の奥まで押し込むために使った控車、郵便車などが保存されている。連絡船の旅人が函館から乗り継いだキハ八二系特急形ディーゼルカーもあった。

見学順路は車両デッキから機関室など船の心臓部を通って終了。所要時間は早歩きで約二時間。時間つぶしにちょうどいい感じだ。

日本最北端のケーブルカーに乗ろう

白鳥3号に乗り、陸奥《むつ》湾を眺め、いくつかトンネルをくぐったあとで青函トンネルに突入する。漆黒の闇の中で、列車は速度を落とし、やがて停車。窓からはグリーンの非常灯と蛍光灯しか見えない。銀河鉄道の列車が寂れた宇宙ステーションに停まったようだ。ここが竜飛海底駅である。乗降扉は車掌室のそばの二号車だけ開く。ホームは一人分の肩幅くらいしかない。ちょうど乗降扉の位置に連絡通路が口を開けている。

小さなトンネルをくぐり抜けると、自動車が通れるくらいの非常通路に出た。この通路は「作業坑」といって、列車が走る「本坑」を建設するための作業用に使われていた。現在は避難誘導用である。

その通路に降車客がそろったところでブリーフィングが行われる。青函トンネルの由来や作業坑の説明、見学の注意点などを聞く。大きな荷物棚があって、旅人たちの荷物をすべて預かってくれる。着替えなど宿泊先で使う荷物は邪魔だから、この配慮はありがたい。トンネル内は常に弱い風が吹いている。これは換気のため、空気が地上から絶えず流入しているから。気温は二〇度に保たれているという。ちなみに湿度は八〇パーセント以上とのこと。じっとしていれば涼しいけれど、動いて汗をかくとなかなか引かない。

竜飛海底駅を宇宙ステーションのように感じた。海面下一四〇メートルのトンネルから地上に出るときも似たような雰囲気だ。まるで宇宙空間に出るように、重い隔壁で隔てられたエリアを通り抜けるから。見学者全員が隔壁エリアに入ると扉が閉まり、次の扉が開く。この隔壁はトンネル内で火災が発生したときに開放される。ものすごい勢いで地上の風が送り込まれ、煙をトンネルの外に排出するそうだ。

隔壁の先に地上へ向かうケーブルカーがある。「青函トンネル竜飛斜坑線」という路線名で、営業路線としては日本最北端のケーブルカーである。本来は青函トンネル作業員のために使われるケーブルカーだ。これに乗って地上に出ると青函トンネル記念館がある。

青函トンネル記念館の営業期間は四月下旬から一一月上旬で、それ以外の時期のケーブルカーは作業員しか使用できない。

このケーブルカーは一両だけが上下する。途中ですれ違ったりしない。約八分後に青函トンネル記念館駅に到着すると、線路のゲートがゴォォォ……という音とともに閉じられる。私のように、ロボットアニメの秘密基地に憧れたメカ好きには楽しいギミックだ。

竜飛岬の風景を楽しみ「階段国道」を下りる

竜飛海底駅見学コース三種類のうち、青森発は「竜飛2コース」だけ。そして、もっともオススメなコースも「竜飛2コース」である。なぜなら竜飛岬の滞在時間がもっとも長いから。青函トンネル記念館の見物だけなら短時間でもいい。しかし、「竜飛2コース」ならたっぷり時間があるから、竜飛岬の先端まで散歩に行ける。この散歩は片道二〇分から三〇分程度の時間を見込んでおこう。

竜飛岬に何があるかといえば、まあ岬しかない。だけど、龍飛埼灯台の先にある展望スポットに立てば、一八〇度以上に広がる海を望める。空気が澄んでいれば北海道も見える。この海の下にトンネルがあると思えば、青函トンネルの偉業が実感できるというものだ。

もうひとつ思い出に残るスポットは「階段国道」だ。正しくは国道三三九号線といって、青森県弘前《ひろさき》市と東津軽郡外ヶ浜町を結ぶ道。その終点付近が「階段」になっている。地元の人の話では、本当は岬をぐるっと迂回《うかい》する道になる予定だった。しかし、とりあえず短絡する道を階段で整備したらしい。国道なのに階段という奇妙なところは全国でもここだけで、珍しさから観光スポットになっている。

記念館から歩いていくと階段国道の終点、つまり階段の上に着く。そこを下りると小さな港町があって、どこからか子供たちが遊ぶ声が聞こえた。細道の先に広がる穏やかな街並み。大切にしたい景色だった。

階段国道の終点を下りると港町が見えた

青函トンネル体験坑道は見学可能

青函トンネル記念館に戻り、ケーブルカーで坑道に戻る。白鳥15号が指定されており、竜飛海底駅一六時一八分発。函館に一七時三三分着。唯一の難点は、函館に着いたときに函館港で保存された青函連絡船「摩周丸」の見学時間に間に合わないこと。摩周丸の車両甲板には入れないけれど、青函航路晩年に行われた自動車航送用甲板が再現されているという。時間にゆとりがあれば函館に泊まり、翌日、朝市見物のあとにでも訪れてみよう。

日が暮れてきたので、路面電車で函館山へ。ロープウェイで山頂に登り夜景を眺めた。残念ながら雨が降り始めて、展望台は霧に包まれた。ゆったりとした霧が、夜景を見せたり隠したり。カレンダーや絵はがきのようにバッチリした夜景より幻想的だ。

ロープウェイで下ると本格的な雨。電停

までは距離があるのでタクシーに乗った。運転手さんにインターネットで調べた居酒屋の名前を挙げると「もっとうまい店を教えましょう」と、ホッケ料理専門の居酒屋に案内してくれた。函館市恵山の沿岸にすみついているという根付きのホッケを焼いてもらう。東京の居酒屋で出てくるホッケの三倍はある大きさ、これでも中サイズだそうで、値段も数倍する。値段にも驚いたけれど、味の深みにも驚いた。

このお店はその名も「根ぼっけ」。私は焼き魚しか食べられないけれど、生魚が食べられる人ならホッケの刺身などもオススメとのことだ。

今回の電車賃

31740円

JR東日本（青森・函館フリーきっぷ・東京都区内発）
……29100円
東京から現地までの往復きっぷ（新幹線・寝台特急あけぼのB寝台利用可能）と青森付近、函館付近のJR東日本とJR北海道路線に乗り降り自由。
（2010年11月販売終了）
JR東日本（竜飛海底駅見学整理券）……2040円
（2013年11月販売終了）
函館市企業局交通部（市電1日乗車券）……600円

※参考
竜飛海底駅見学の終了後も青函トンネル記念館と体験坑道の見学は可能。記念館と体験坑道（ケーブルカー）乗車券のセット券は1300円。
東京から青函エリアへの旅は「三連休乗車券」がおトク。JR東日本、JR北海道の中小国―函館間と木古内―江差間のほか、エリア内6社の普通列車自由席に乗り放題。夏から春にかけての土日を含めた三連休日に設定されている。13000円。新幹線や寝台特急に乗るには別途特急券、寝台券などが必要。

第12鉄

マルーン色の電車旅
——阪急電車と能勢電鉄で行く妙見山

京都に出かける用事ができた。約束の時刻は一四時三〇分。夜行バスで早朝に到着すれば、ちょっとした旅ができそうだ。京都市内見物も魅力的だけど、やっぱり電車に乗りたい。まだ乗ったことがない路線で手頃な場所を探してみたら、梅田方面に足を延ばし、能《の》勢《せ》電鉄と妙見ケーブルに乗れそうだ。マルーンカラーの電車で、半日の旅に出かけよう。

阪急京都本線でスタート

夜行列車がないから、仕方なく夜行バスを選んだ。新宿発二二時三〇分。これが快適でびっくり。ちょっと高級タイプの座席を選んだら、座席はパーティションで仕切られた半個室。各座席にモニターがついて、映画やゲームも楽しめる。もっとも、深く倒れるシートに身体を預けたら、楽しむ間もなく眠ってしまった。京都四条着は〇五時四五分。降りたところは鴨川のほとり。京都らしい風景に感激し、長距離バスを見直した。その一方で

「夜行の旅はバスの時代になってしまったな」という寂しさもある。

まだ眠っている祇園の街を背にして、徒歩数分で阪急電鉄の河原町駅に着く。地下駅のコンコースには当時公開中の映画『阪急電車』のポスターがあった。原作は『図書館戦争』などで知られる作家の有川浩さん。ライトノベルで活躍される一方で『フリーター、家を買う。』などヒューマンな作品も書かれている。私は小説『阪急電車』を買ったけど、映画化されると知って読まずにおいた。私は「観てから読む派」だ。もっとも今回は「乗ってから観る派」となる。

阪急電車の特徴は「阪急マルーン」と呼ばれる車体色。チョコレート色とたとえられることも多い。でも本当はマロン色。栗の皮の色に由来する。客室は木目調で座席はグリーン。そして日よけは鉄の鎧戸《よろいど》になっている。これを見ると、阪急に乗っていると実感する。

阪急京都本線は京阪電鉄が作った

阪急京都本線は河原町から三つめの西院までが地下区間。そこから地上に出て南西へ。嵐山線が分岐する桂駅からは南下して、淀川の西側で東海道本線や東海道新幹線と並行する。淀川の向こうには京阪電鉄が走っている。つまり京都―大阪間は阪急電鉄、ＪＲ西日本（在来線）、ＪＲ東海（新幹線）、京阪電鉄の四社が競い合う形となっている。

関東の鉄道会社は中央と衛星都市を結び、放射状に鉄道が発達した。いわば領域を分け合っている。関西は京都・大阪・神戸と大都市が直列し、官営鉄道と民間鉄道、民間鉄道同士が競争し、スピードとサービスを競ってきた。その歴史と背景は複雑だが、特に阪急京都本線は複雑だ。なんと、この路線の建設は京阪電鉄が関わっている。

大阪―神戸間の阪神電鉄に対抗して、阪急電鉄が直線ルートの新線を作って競争を仕掛けた。これを見た京阪電鉄は、京都―大阪間に阪急電鉄が進出されては困るとして、自ら京阪本線に対する新線として新京阪電鉄を作った。ところが戦時合併で阪急電鉄は京阪電鉄を統合する。戦後に京阪電鉄が分離独立したとき、新京阪線は阪急電鉄の持ち分となった。これが現在の阪急京都本線というわけだ。

そんな経緯があるから、阪急の中でも京都線は神戸線や宝塚線とちょっと違う。例えば京都本線は車両の規格がちょっと違うから、同じ車両型式でも京都線用の製造番号は三〇〇番台がついている。神戸本線や宝塚線系統が七〇〇〇系で、京都本線系統は七三〇〇系、九〇〇〇系に対して九三〇〇系などだ。また、梅田駅と十三《じゅうそう》駅の間は神戸本線、宝塚線、京都本線の複線がズラリと並んで壮観だけど、京都本線だけは中間に中津駅がない。

阪急京都本線の電車。
ヘッドマークは映画『阪急電車』公開記念

新幹線と併走、緩急接続……阪急京都本線の面白さ

京都本線の歴史にはもうひとつエピソードがある。東海道新幹線と阪急京都線は、大山崎駅、水無瀬駅、上牧駅間で並んでいる。実は、阪急京都本線の電車が、新幹線の線路を間借りした時期がある。新幹線を作るとき、京都本線も新幹線と同時に高架化した。当時、新幹線は開業前で京都線は営業中。高架化工事で営業中の京都本線を停めるわけにはいかない。そこで、先にできた新幹線の線路で京都本線の電車を走らせた。

列車種別の多さも京都線の楽しいところ。京阪本線に対する直線新線という経緯があったからスピード重視のダイヤ設定だ。各駅停車のほかに、準急・快速・快速急行・通勤特急・特急・快速特急と六種類も優等列車があって、さらに大阪市営地下鉄堺筋線へ直通する種別まである。ちなみに各駅停車しか停まらない駅から梅田へ行くなら、乗換案内サービスでは「そのまま各駅停車に乗ったほうが早い」と出ても、実際はいったん地下鉄直通準急に乗り換えて淡路駅まで行き、そこから特急や快速特急に乗り継いだほうが早い場合がある。時刻表や停車駅案内図を眺めて、こんな乗り継ぎを考えるだけでワクワクする。

梅田大ターミナルから宝塚線へ

阪急の中で京都線は異端児。これに対して元から阪急電鉄だった神戸本線と宝塚線をま

とめて神宝線というそうだ。でも、十三駅と梅田駅間を見ると、そんな区別なんかどうでもよくて、三複線の壮大な場面に感動する。毛利元就の「三本の矢の教え」のごとく、この区間こそが阪急の礎。決して崩れない阪急王国の証しだ。

梅田駅では各路線が三つの線路を割り当てられている。ヨーロッパ風の行き止まり式ホームに、最大で九本の電車が並ぶ。ここに立つだけでうっとりしちゃう。この風景をじっくり眺めたい人のためかどうかは分からないけれど、梅田駅コンコースにはホームを見渡す喫茶店を作ってくれている。残念ながら、今回は時間がなくて立ち寄れなかった。いや待てよ、今日の私は、阪急電車の旅そのものが寄り道だった。

次の電車は宝塚線。先に出る電車は箕面《みのお》駅行きの準急だ。とりあえずこれに乗ったけど、この電車は石橋駅から分岐して箕面線に入る。そこで石橋駅で降り、あとから来る急行に乗り換えた。ちなみに箕面線は阪急電鉄のルーツである。一九〇七年に箕面有馬電気軌道が梅田と宝塚、石橋と箕面を結ぶ路線を開業した。その創業者の一人が小林一三氏で、この会社を阪急電鉄として発展させ、阪急東宝グループへと育てていった。

石橋駅から乗った電車をふたつ隣の駅、川西能勢口駅で降りる。ここが能勢電鉄の起点だ。でも乗り換える前にホームで電車を観察。平日の朝の時間帯だけ、能勢電鉄から宝塚線に乗り入れて梅田へ直通する特急「日生エクスプレス」が走っている。朝のラッシュ時に上り列車だけ、夕方のラッシュ時に下り列車だけ走る。能勢電鉄の日生中央駅付近は大規模なニュータウンで、そこからの通勤客のために走らせる列車だ。

能勢電鉄は最大八両編成に対応しているけれど、宝塚線はラッシュ時間帯に一〇両で運行したい。だから、川西能勢口駅で二両を増結する。この風景も眺めておきたい。

マルーンな能勢電鉄で妙見口へ

能勢電鉄の電車は阪急電鉄と同じマルーン色。阪急電鉄から譲渡された車両を使っていることもあり、外観だけだと阪急の路線に見える。実際に阪急電鉄の子会社でもある。ただし、側面と前面窓ガラスに能勢電鉄のマークがついている。

能勢電鉄の創業は宝塚線開業直後の一九〇八年。日蓮宗の関西総本山、能勢妙見宮への参詣鉄道として作られた。能勢地域の特産品を輸送する貨物鉄道としても活躍したという。能勢地域の特産品には、三ツ矢サイダーがあった。三ツ矢サイダーは沿線の平野鉱泉から作られていた。能勢電鉄の収入の半分がサイダーの輸送料金だったそうだ。

現在の能勢電鉄は、妙見山参詣輸送より住宅開発による通勤路線の色合いが強い。特に山下駅から分岐して日生中央駅に至る日生線は、日本生命と阪急電鉄が開発した大ニュータウンへのアクセス路線として建設された。そのニュータウンを売り込むために梅田行きの直通列車を走らせた。それが前出の日生エクスプレスだ。川西能勢口から乗った電車が日生中央行きだったので、そのまま日生中央駅に寄ってみた。駅前広場から見渡したところ、戸建て分譲住宅地が中心の高級住宅街といった雰囲気だ。

能勢電鉄の本流、妙見線の沿線も住宅が多い。しかしこちらは歴史ある路線らしく川に沿い、線路のそばには自然が多く残っている。駅名に「光風台」「ときわ台」とイメージの良い字が当てられ、「台」とつくように、住宅街は高いところにあるようだ。通勤時間帯だけど、郊外へ向かう電車だから、通勤通学客は少ない。むしろ小さなリュックを持ったお年寄りが多い。賑やかだな、と思ったら、終点の妙見口駅にはもっと大勢のお年寄りが集合していた。ハイキングのイベントのようで、隊列を組んで坂道を上っていった。

ケーブルカーと長いリフトで妙見参り

妙見口駅から妙見ケーブルの駅までは徒歩。休日ならバスがある。しかし今日は平日だ。長くて緩やかな上り坂を、ゆっくり歩いて二〇分ほど。初夏の気候が良いせいか、苦にはならない。むしろ楽しい。このあたりはニュータウンではなく里山の風景だ。山と田畑と小さな水路。途中で石灯籠の「常夜燈《じょうやとう》」もあって、妙見参りの歴史を感じさせる。

妙見ケーブルの下の駅は黒川という。そこから見上げると、かなりの急勾配だ。線路延長は六〇〇メートル。高低差は二二九メートル。最急勾配は二三度。

線路は斜面を横切るように敷かれている。車窓左手の見晴らしがいい。もっとも、平日の朝の乗客は私と老夫婦の二組だけ。ほぼ貸切状態で全方位を見渡せる。

線路脇の木は桜で、春には桜のトンネルができるという。見渡す景色は能勢の里山で、かつては炭焼きが盛んに行われたところ。クヌギを使った「能勢菊炭」は、切り口に放射状の美しい割れ目ができるという。京都の茶席などで使われるそうだが、現在は一軒しか炭焼き小屋が残っていないらしい。

ケーブル山上駅からリフトへの道は急な上り坂。どうしてもう少し線路を延ばしてくれなかったか……。帰りは下りだと自分を励まして登坂する。リフト乗り場付近は広場があって、休憩所や「妙見の水」を汲《く》む場所がある。

実はここに鉄道ファンの注目スポット「シグナス森林鉄道」があって、私も楽しみにしていた。ところが平日運休でがっかり。いつか休日に再訪しよう。休日といえば、妙見口駅付近に個人運営の庭園鉄道もあり、休日に公開されているらしい。

妙見リフトは六〇〇メートルで、高低差は八八メートル。距離はケーブルカーと同じだが、速度は約半分なので所要時間が長い。ここも桜や紫陽花、コスモスが植えられて、それぞれの花の季節は大勢の観光客が訪れるそうだ。今日は花こそ少ないけれど新緑たっぷり。酸素のシャワーをたっぷり浴びた。暖かな陽射し、吹き抜ける風が心地よい。早起きだったこともあって、居眠りしそうになった。椅子ではなく、ハンモックを吊るして五往

ケーブルカーからリフトに乗り継ぐと、
季節の花が迎えてくれる

復くらいさせてくれないかな。

モミジの新緑もまた良し

リフトの終点から徒歩数分で能勢妙見山の鳥居をくぐる。ここは真如寺の飛び地境内で日蓮宗のお寺だが鳥居がある。これは歴史のあるお寺に見られる神仏習合の形で、仏様も渡来の神様として祀ったことによる。明治政府が一八六八年に神仏分離令を出したため、能勢妙見山は寺院として再定義されたという。

妙見山を開いた人は戦国武将の能勢頼次。能勢家は足利将軍家に仕えたため織田信長と対立、本能寺の変では明智側について豊臣秀吉に敗れた。能勢家は逃れ逃れて日蓮宗の寺に身を寄せた。そこで徳川家康に召し抱えられ、関ヶ原の戦いで活躍した。

能勢家は徳川によって再興を果たす。能勢頼次はこれを日蓮の教えの賜物と考えて信仰を深め、妙見山と屋敷を身延山の日乾上人《にちけんしょうにん》に寄進した。日乾上人はその期待に応えて能勢の地で教えを説いたという。

本堂はほかの名刹に比べれば控えめな佇《たたず》まい。境内もドラマのセットのようにこぢんまりとしている。能勢頼次は身の丈に合った規模を心得ていたのだろうか。いかにも武士が開いた寺という雰囲気で好ましい。

能勢妙見山の経緯を知ると武運の御利益がありそうだ。江戸本所に妙見大菩薩の御分体を祀って勝海舟の信仰を得たという。また妙の字が美を表すことから、花柳界や芸能界からの信仰も厚いという。

能勢妙見山は長い歴史をつなぐ一方で、新しい信仰の形も具現化した。一九九八年に建てられた信徒会館は星をイメージしたガラス張りの礼拝塔。寺院の概念を刷新する姿だ。信徒会館という名前ではあるけれど、信徒でなくても入館できる。内部にはガラスの床のホールがあって、西欧風の衣装をまとったガンダーラ様式の仏像が四つ浮かんでいた。信徒会館の外側が展望台で、晴れて空気が澄んでいれば、関西空港や淡路島も見えるという。

帰り道、深緑のトンネルでふと見上げれば、黄緑色の若葉はすべてモミジだった。この若葉も美しいけれど、紅葉シーズンはさぞや見事な色になるだろう。シグナス森林鉄道と庭園鉄道も心残りだし、いつか秋の休日に訪れたい。

阪急電鉄(能勢妙見・里山ぐるっとパス)
……1500円

阪急電鉄全線・能勢電鉄全線・妙見ケーブル・リフト・阪急バス日生中央—銀山口・川床口、山下駅前—汐の湯温泉前、妙見口駅—倉垣間などで乗り降り自由。毎年3月中旬~12月初旬頃に発売。

今回の電車賃

1500円

第13鉄

乗り物いっぱい、富士山めぐり

世界文化遺産に登録された富士山。その魅力は富士山そのものだけではない。富士山周辺の乗り物も面白いのだ。富士急行には展望車両を使ったフジサン特急や、インテリアデザインに凝った富士登山電車、トーマスランド号が走っているし、屋根のないオープンバスや水陸両用バスも走っている。

週末に都内から出発するなら、新宿と大宮から「ホリデー快速富士山」が運行されている。特急用の車両を使っているけれど、快速だから乗車券のみで利用できる。乗り換えなしで富士急行線内に到着できて便利だ。しかし、JRの電車で富士急行へ直通するよりも、大月駅で乗り換えて富士急行が走らせているユニークな電車に乗ろう。

あの「ななつ星」で知られる水戸岡デザイン「富士登山電車」に乗ろう

富士急行のユニーク列車は三種類。二〇〇二年から運行を開始した「フジサン特急」、二〇〇七年から運行されている「トーマスランド号」、二〇〇九年から走り始めた「富士登山電車」だ。今回はまず、富士登山電車に乗ってみた。この電車は木曜日と点検日（不定期）以外の毎日運行している。定員制で、乗車券のほかに二〇〇円の着席券が必要だ。観光シーズンは平日でも予約したほうがいいだろう。

富士登山電車の外観はレトロなダークブラウン。細い帯と富士山をあしらった繊細なデザインがオシャレだ。室内はさらに上品な雰囲気。クロスシートだけではなく、ソファやベンチシートもあり、内装はニス塗りの木の質感でまとめられている。リゾートホテルのロビーや洋画に出てくる邸宅のリビングのようで、着席するとホッとする。これが元は京王電鉄の通勤電車、五〇〇〇系だったなんて信じられないくらいだ。

富士登山電車の車内は木材を使ってぬくもりを演出。ベビーサークルもある

キャラクター色の強い「フジサン特急」や「トーマスランド号」に比べると、「富士登山電車」は大人の雰囲気だ。このデザインは、JR九州の車両デザインで有名なデザイナー、水戸岡鋭治氏が手がけた。水戸岡氏は博多発大分行の特急「ソニック」や在来線特急時代の「つばめ」などで未来的な列車を提案し、九州新幹線「つばめ」では和の絢爛《けんらん》さを表現したかと思えば、和歌山電鐵ではかわいい「たま電車」を作った。ほかにも北近畿タンゴ鉄道や富山地方鉄道、錦川鉄道、井原鉄道、くま川鉄道、肥薩《ひさつ》おれんじ鉄道など、各地のローカル線の観光列車を手がけて成功させた。いわば水戸岡鋭治氏はローカル線の救世主だ。最近ではJR九州の豪華クルーズトレイン「ななつ星in九州」が有名だ。

その水戸岡氏が富士山へのアクセス列車を仕立てた。それがこの「富士登山電車」というわけだ。東京からもっとも近い水戸岡デザイン作品といえる。旅好きや鉄道ファンだけではなく、インテリアやデザインに興味がある人も注目の電車だ。

富士山が見えなくても楽しいゾ

富士急行はJR中央本線の大月駅と富士山駅間の二三・六キロメートルを結ぶ大月線と、富士山駅と河口湖駅間の三・〇キロメートルを結ぶ河口湖線を運行している。両路線が接続する富士山駅は、長らく富士吉田駅という名前だった。その富士吉田駅が二〇一一年に富士山駅と改名し、駅のデザインを一新した。富士急行のほとんどの列車は大月線と河口湖線を直通しており、必ず富士山駅に停車する。富士登山電車も同様だ。河口湖駅までの所要時間は約一時間。本当はもっと長く乗っていたい。快速運転が恨めしい。

落ち着いたインテリアの客室で、田園風景を眺めながらの列車の旅。客室中央の座席が横向きになっている理由は、こちらの方向に富士山が見えるから。もっとも今日はあいにくの曇天で、もっともよく見える地点でも灰色の空ばかり。残念だったけれど、女性のアテンダントさんが「晴れていればこんなふうに見えるんですよ」と写真パネルを掲げてくれた。この風景を思い出にして、次回は晴天の日を選ぼう。

アテンダントさんは観光案内をしたり、乗客のデジカメやケータイで記念撮影を手伝ってくれたりと乗客のお世話をしてくれる。記念品の販売も担当する。人のサービスがあるだけで、旅がとっても優しい雰囲気になっていた。

鉄なスポット、下吉田駅

富士登山電車は下吉田駅で長めに停車する。平日の停車時間は数分だが、休日は一八分。その間に先頭車で記念撮影をしたり、駅舎を見学したりできる。この駅も水戸岡鋭治氏のデザインでリニューアルされた。待合室がガラス張りになっている理由は、ここから富士山を眺められるからだという。

下吉田駅の見どころは建物だけではない。駅舎の隣にはブルートレインとして活躍した一四系寝台車が保存されている。これはかつて、東京と大分を結んだ寝台特急「富士」にも使用された車両で、「富士」つながりで当地に保存された。構内にはほかに貨車が三両。内訳は屋根付き二両、屋根なし一両で、かつて実際に富士急行線で活躍していたという。説明書きによると、新聞雑誌、ビールなどの生活用品を運び入れ、地元特産の絹や木材を出荷したそうだ。富士演習場で使う戦車を運んだこともあったとか。貨車は室内も公開されており、往時の賑わいを物語っていた。

富士山駅は行き止まり式の駅。列車はここでスイッチバックして河口湖線へ。河口湖駅との間に富士急ハイランド駅がある。機関車トーマスをテーマとしたトーマスランドや、落下角度の大きさでギネス記録となったコースター「高飛車」など、スリル満点の乗り物もいっぱいだ。もっとも私はジェットコースターは苦手。鉄道に似ているンだけど。

オープンバス「KABA BUS」で富士山麓めぐり

富士急ハイランドも楽しいところだが、今回は富士登山電車で河口湖駅まで乗り通す。お目当てはバスだ。富士山エリアには、電車だけではなく、面白いバスも走っている。そのひとつが陸のカバこと「ＫＡＢＡ ＢＵＳ」。ハイデッカーの観光バスた。でもよく見ると屋根がない。オープンカーならぬ「オープンバス」である。

「ＫＡＢＡ ＢＵＳ」のツアーは午前と午後の一回ずつ。富士山駅を出ると河口湖駅に立ち寄り、富士山麓を周回して河口湖駅・富士山駅の順に戻る。河口湖駅からの所要時間は約六〇分。コースは季節ごとに異なっており、私が乗った時期は夏のコース。河口湖畔、逆さ富士が見えるというポイントを通り、富士山がもっともよく見えるという河口湖大橋を渡る。夏のスペシャルポイントは赤松林の森林浴。頭上を緑のトンネルが覆い、涼しい風と森の香りに包まれる。これはとっても心地よい。

森林浴コースの帰り道、スバルラインにはちょっとした「音の仕掛け」が用意されている。これには思わずニヤリとしてしまった。ぜひ、ドライブして体験してほしい。乗用車でも体験できるそうだが、重量のあるバス、それも、外の音がよく聞こえるオープンバスのほうが楽しめるだろう。この日は富士山が見えなかった。しかし緑のトンネルを通り抜けただけでも満足だ。オープントップの開放感を楽しめた。

河口湖駅に戻ってきたら、ちょうどランチタイムになった。富士山といえば富士吉田の吉田うどんが思い浮かぶ。されど空腹に我慢できず、駅前のほうとう専門店へ。観光客目当ての駅前店なんて……と期待していなかったけれど、とてもおいしかった。

ゴキゲンな列車に乗って、楽しい観光バスに乗って、おいしいものを食べて……と大満足な旅。実はまだ、行程の半分だ。

二駅だけトーマスランド号に乗ってみた

河口湖駅のバスロータリーに、茶色の古い電車が展示されている。この電車は富士急行の前身「富士山麓電気鉄道」が、一九二九年の開業時に導入した電車「モ1号」だ。急勾配路線だから、効きの良い電気ブレーキや、車輪の空転を防ぐ砂まき装置をつけた。当時の最新技術を取り入れた電車だ。富士登山電車の車体色は、この電車の色にちなんだのだろうか。見学用にホームが作られていて、窓ガラス越しに車内を見物できる。ロングシートに抹茶色のモケット。いかにも昭和初期の上品な雰囲気だ。

「富士急行の終点、河口湖駅まで来たから、ここからは帰り道」なんてことは言わず、山中湖にも寄ってみよう。オープンバスの「KABA BUS」には兄弟の水陸両用バスがあり、山中湖で活躍中だ。陸のKABA、水のKABAと呼ばれている。

山中湖へ向かうには、富士急行の電車で二駅だけ戻り、富士山駅から路線バスに乗る。せっかくだから、この二駅間は「トーマスランド号」に乗ってみた。

河口湖駅の構内には「トーマスランド号」と「フジサン特急」が並んでいた。フジサン特急は到着したばかりのようで、お客さんを降ろしたあと、そのまま進んでホームの先にある洗車機にかけられた。雨が降りそうだから洗車は明日、なんてことはしないらしい。

そういえば、富士登山電車も窓ガラスは透き通っていたし、トーマスランド号の窓もきれいだった。観光列車にもっとも必要なことは景色がよく見えること。富士急行さんはよく分かっていらっしゃる。そういえば「モ1号」の窓もきちんと磨かれていた。

トーマスランド号は外観にトーマスを描いただけではない。客室内の壁、天井、シートカバーにトーマスとなかまたちがびっしり描かれている。窓ガラスにも機関車のシルエットがあって、車両当てクイズを楽しめるようにしたらしい。もしかしたら……と、窓のスクリーンを下ろしてみたら、やっぱりここにもトーマスのロゴがあった。徹底している。

車内にはお子様が喜びそうな仕掛けがふたつ。ひとつはトーマスとパーシーの座席。背もたれがトーマスとパーシーの立体モデルになっていて、まるでトーマスに抱きかかえられているような感じだ。「寄りかかったら背中が痛いじゃないか」なんて野暮なことは言わない。あえてここに座らず向かい側に座り、トーマスとにらめっこしてもいいと思うぞ。

もうひとつのお楽しみは、運転室の後ろに作られた「キッズ運転席」だ。シンプル

子供たちに人気の「トーマスランド号」

車内にも楽しい仕掛けがいっぱい

だけど本物そっくりに作られている。運転士がいる左側ではなく、右側に作られているから、前方の風景を見ながら操作できちゃうという仕掛け。思わず座ろうとして、ふと男の子の視線に気がついた。どうぞどうぞ、譲ります。もともとキミたちの席。あはは……。

こんなにいろんな仕掛けを用意してあるにもかかわらず、トーマスランド号は普通列車。特別料金は不要で、乗車券だけで乗れる。富士急行さんは太っ腹だ。運行時刻は富士急行のWebサイトで公開されているから、間違いなく乗れる。

山中湖の「水のKABA」は水陸両用バスだった！

「水のKABA」は、山中湖のバスターミナル「旭日丘《あさひがおか》」から出発する。富士山駅から旭日丘までは路線バスで約三〇分。単なる移動かと思いきや、この道中もなかなか楽しい。観光名所の忍野八海はバス停のみで見えないけれど、高原の森を通り抜け、花の都公園では道路脇にまで花畑が広がっていた。晴れていれば富士山も見えるだろうな。

「水のKABA」はバスターミナルの建物の横に停まっていた。確かにユニークな形をしている。上半分はバスだけど、下半分は丸っこくて、バスというよりは船の姿。そう、このバスは水陸両用なのだ。バスの後ろを見ると、ちゃんとスクリューがついていた。運転席の手元には船のハンドル、舵輪もある。ここでやっと「KABA」という名前の由来が分かった。カバはふだん水中で過ごし、夜になると陸上で草を食べて生活する。このバスも陸と水を行き来する。だからＫＡＢＡだ。

バスのＫＡＢＡは一日数回の運行で料金は二〇〇〇円。座席数が少ないため予約を推奨する。私は帰りの電車の都合があったので予約しておいたけれど、空席があれば当日でも乗れるし、お客さんが多ければ臨時便も運行するという。

バスツアーは一回につき三〇分の行程だ。バスターミナルを出発すると、まずは森の道を一周する。出発直後「わしは山中湖のカバじゃ」とバスがしゃべり、その後はバスガイドさんとの軽妙な掛け合いが続く。子供向けの演出だが、富士五湖の豆知識はなかなか興味深い。そしていよいよ湖畔へ。富士五湖では山中湖にしかないという砂浜を下りていくと、運転士さんから船長さんにバトンタッチ。湖へバシャーンと入っていく。

陸上はちょっと蒸し暑かったが、湖上では涼しい風が吹き抜けた。屋根もオープンだし、このバスも気持ちいい。バスのルートは陸上と湖上から富士山を眺められるよう工夫されているという。でも今日は曇り。そこでガイドさんが見事な富士山の写真を……あれ、この展開には既視感が（笑）。富士山が見えたほうがいいと思うけど、見えなかったときのガイドさんの奮闘ぶりも見どころだ。バスのＫＡＢＡさんのトークも面白かった。

水陸両用バスは大阪、神戸、ハウステンボス、諏訪湖、日光、宮城などでも導入されている。東京でも二〇一三年三月から運行を開始した。でも、山中湖は景色が良く、ほかの乗り物と組み合わせて楽しめる。「バスのＫＡＢＡ兄弟」の乗り比べは楽しいぞ。

富士山駅と下吉田駅、ふたつの水戸岡デザインを訪ねる

山中湖から戻り、旅の締めくくりとしてふたつの駅を訪ねた。ひとつめは改名してリニューアルされた富士山駅。駅名標もトイレも和のテイストが生かされ、エントランスには大きな鳥居も掲げられている。それにしても、元からあった大きな建物はなんだろうと気になっていた。富士急行の本社ビルにしては、失礼ながら大き過ぎるような……。それが今回、探訪して分かった。オフィスビルのような外観だけど、中身はデパートだった。一階はスーパーマーケットと土産物屋さん、二階以上は生活雑貨や洋服屋さん、クリニックなどがテナントとして入店していた。

そのビルの最上階は展望テラスになっている。富士山と富士吉田市を一望できるスポットだ。ここも富士山駅と同様に、水戸岡氏の手でリフォームされていた。富士急ハイランドも見える。富士急行の電車や車両基地も見える。富士山が見えたらなあ、夕陽も見えたらなあと、曇天が心から悔やまれた。

もうひとつの駅は下吉田駅。気を取りなおして大月行きの電車に乗り、まだ帰らないぞと昼前に富士登山電車で立ち寄った下吉田駅を再訪問。さっきは貨車しか見なかったので、今度は駅舎をゆっくり眺めた。遠くから佇まいを、近くから造形の美しさを。そして待合室でペットボトルのお茶を飲みつつ、静謐《せいひつ》な空間を楽しむ。いや、たしなむといったほうが似合うかもしれない。広くて、シンプルで、懐かしい。

　窓口も閉じて無人になった駅に、ひっそりと電球の柔らかい光が灯っている。私はふと、北海道の夕張にある洋館「鹿鳴館《ろくめいかん》」を思い出した。そこには昭和天皇も滞在されたという貴賓室があって、誰でも見学できる。下吉田駅の待合室には貴賓室に通じる静粛な雰囲気がある。されどここは駅。列車を利用する人や、送迎に訪れる人が、誰でも、いつでも中に入れる。そう思うとこの空間は贅沢だなあ。朝はこの駅から通勤や通学に出かける人がいて、夕方はここから家路をたどる。ここが故郷の駅なら帰省も楽しくなるに違いない。

今回の電車賃

4960円
+6740円

JR東日本（新宿―大月）……1280円
富士急行（フジサン特急フリーきっぷ）
……2200円
富士登山電車着席券……200円
JR東日本（大月―新宿）……1280円

富士急行（オープンバスKABA・午前コース）
……3500円
富士急行（富士山駅―旭日丘）……620円
富士急行（水陸両用バスKABA）……2000円
富士急行（旭日丘―富士山駅）……620円

※参考
東京から富士急行方面は「世界遺産・富士山フリー乗車券」がある。JR東日本（東京・神奈川・埼玉の設定区間駅―大月）の往復と、富士急行（鉄道全線）・富士急行（富士山周辺バス区間）が2日間乗り放題。東京都区内からの場合は4500円。富士急行列車特別料金とKABAは別途料金が必要。

第3章　近くても楽しい！　東京再発見の列車旅

第14鉄

飛行機に乗らない日こそ羽田空港へ——東京モノレール

都内でダイナミックな車窓を眺めたいなら、東京モノレール羽田線をオススメしたい。

東京モノレール羽田線は、都心から羽田空港へのアクセス路線として全国的に有名だ。別の一面として、競馬ファンにとっては大井競馬場へ通う手段でもある。飛行機に乗る人も競馬場に行く人も、目的地での出来事を思うと、車窓を眺める余裕はないかもしれない。だからこそ、用事のないときにモノレールに乗ろう。東京湾岸を低空飛行するような高揚感。東京でもここだけの風景を楽しめる。

乗るなら各停、運転台後ろの左側！

羽田空港へのアクセスは、浜松町からの東京モノレール羽田線、品川から蒲田経由の京浜急行電鉄、都内各地からのエアポートバス、マイカーなどいろいろ選べる。だけど「羽田空港で遊ぶ」と決めたら、浜松町から東京モノレールで出かけたい。便利さよりも楽しさ優先。鉄道ファンとして京浜急行には申し訳ない気持ちもあるけれど、空港への車窓なら東京モノレールが一番面白い。

浜松町から羽田空港第1ビルまで、「空港快速」なら約一八分。「区間快速」は二〇分、各駅停車だと二三分かかる。空港快速はノンストップで気持ちいいけれど、車窓を楽しむならひと駅ずつ進む各駅停車がいい。

オススメの座席は先頭車両の左側。東京モノレールの室内は中央が高くなっている。そこに走行用の装置が入っているからだ。運転席後ろの真ん中に陣取りたくなるけれど、ここはオススメできない。シート位置が高いので窓を見下ろすスタイルになるし、運転席の窓は運転士さん用の日除けスクリーンがあるから、実は景色を見づらい。運転台すぐ後ろの右側は前方の非常扉が目障りだ。というわけで、運転台の後ろのドア寄りがベストポジション。ここなら車窓右側も見に行きやすい。

浜松町を出た列車は高いところを走る。左手には浜離宮の緑が見える。右側はJRの線路をまたぎ、山手線、京浜東北線、東海道線と新幹線を見下ろせる。鉄道の景色を見たいなら、この先の左カーブまでは右の車窓が楽しい。ビルの谷間の最後は芝浦アイランドの高層マンション群。その向こうにレインボーブリッジが姿を見せる。続いて新幹線の高架をくぐる。「新幹線ってこんなところを通ったっけ?」と不思議に思うかもしれないが、この線路は回送専用で、田町付近と大井ふ頭の車両基地を結んでいる。

車窓右側に東京海洋大学キャンパスを見下ろす。その向こうは品川の高層ビル群だ。このあたりは夜景も楽しい。正面にもビル群が見えて、最初の停車駅は天王洲アイル。かつて倉庫が並んでいたこの地は、オフィスやホテル、劇場などもある賑やかな街に変わった。天王洲《てんのうず》を出ると列車は京浜運河の真上を走り出す。左手の車窓は対岸の埋め立て地。向こう岸は京浜運河緑道公園として整備されている。海の青と並木の緑が美しい。この緑は途中から大井ふ頭中央臨海公園となり、次の大井競馬場前駅のちょっと先まで、約四キロメートルも続く。左の車窓がオススメ、という理由のひとつがここだ。

流通センター駅付近は倉庫街になっており、ビルの高いところまでトラックが行き来する様子が面白い。運河を越えると昭和島駅。各駅停車は側線に入り、快速列車の通過を待つ。普通の鉄道ではよくある風景だが、モノレールでこの構造は珍しい。鉄道ファンなら前方を注視し、追い越される瞬間を目撃したい。車窓右手には車両基地もある。

羽田空港は一大エンタテインメント

現在、モノレールの車両には四種類の塗装が施されている。窓下に赤い帯を配した車両は二〇〇〇形。一九九七年に登場した新型で、扉が両開きになっている。オレンジの帯は一〇〇〇形。一九八九年製で扉は片開き。一〇〇〇形は特別塗装車が一編成ずつある。上がクリーム色、下が水色と青の車両は、東京モノレールが開業した一九六四年の塗装を復元している。そしてもうひとつ。オレンジ帯にポケモンのキャラクターをあしらった「ポケモンモノレール」がある。

東京モノレール羽田線の起点、浜松町駅付近にはポケモングッズの専門店「ポケモンセンター」がある。終点の羽田空港第2ターミナルからはANAがポケモンジェットを運航している。つまり、ポケモンモノレールはふたつのポケモンスポットを結ぶ列車だ。東京モノレールではWebサイトでポケモンモノレールの運行時刻を公開している。点検などで運行しない日もあるので、お子様を連れて出かけるならご確認を。

昭和島駅を出るといよいよ空港が見える。車窓左側がオススメの理由、そのふたつめは羽田空港だ。ところが、やっと飛行場が見えたと思ったら、列車は高架からいきなり地下に潜ってしまう。再び地上に出るとそこはもう空港島。整備場駅付近には報道用ヘリコプターや海上保安庁の格納庫がある。

ここで列車は再び地中へ突入する。横風用のB滑走路をくぐり抜けるためだ。その滑走路の端にあたる場所に天空橋駅がある。ここは京浜急行との連絡駅で、京浜急行はここからずっと地中を走る。そしてモノレールはまたまた浮上。A滑走路の南西に出る。赤い尾翼のJAL機が並び、遠くに第1ターミナルビルが見える。車窓右手は多摩川の河口。対岸には様々な形の工場。その景色もまた面白い。そして列車は再び地中へ。左にカーブしてA滑走路の下を走り、新整備場、羽田空港第1ビル、羽田空港第2ビルの順に停車する。

羽田空港はレストランやお土産屋さんだけではなく、本、紳士服、婦人服、宝石、キャラクターグッズなど様々なショップがある。書店は航空機関系の専門書も多い。その中でも私のお気に入りはエアライングッズショップ。ANAなら「ANA FESTA」、JALなら「ブルースカイ エアラインショップ」となる。文具など、航空会社のロゴ入りグッズはカッコいいし、飛行機をテーマとしたおもちゃも楽しい。旅行カバンなど旅のグッズは、種類が少ないものの厳選されている。いかにも旅のプロ御用達という雰囲気だ。

ショッピングを楽しんだら飛行機を眺めよう。展望デッキに上がれば爆音とかすかな油の匂いが離着陸の迫力を感じさせてくれる。そこも楽しいけれど、間近に見たいならターミナルビルのレストランに行こう。大型ガラス越しに出発を待つ飛行機や滑走路がよく見える。飛行機の周りを動く業務用車両も珍しく、面白い。

飛行機に乗らなくても楽しい羽田空港。唯一の欠点は、飛行機や旅人を眺めるうちに、遠くへ行きたくなってしまうこと。そんな気持ちをグッと抑えて、帰りもモノレールで夕暮れの東京湾岸を眺めよう。もちろん車窓は左側。都会に沈む夕陽と夜景も見事である。

今回の電車賃

940円

東京モノレール（浜松町—羽田空港第2ビル）
……470円
東京モノレール（羽田空港第2ビル—浜松町）
……470円

※参考
JR東日本（休日おでかけパス）……2600円
JR東日本の首都圏区間、東京モノレール、りんかい線に1日乗り放題。土休日、夏休み、ゴールデンウィーク、年末年始に販売。

第15鉄

新しいのに懐かしい、東急世田谷線よりみち散歩

暗くなってから帰る習慣がついてしまったせいか、明るいうちに仕事が終わると、かえって困る。寄り道しようにも、観たかった映画は終わっているし、食べたかったものが思い出せない。そんなときは、ちょっと足を延ばしてふだん乗らない電車に乗ろう。

都内でオススメしたい路線は東急世田谷線だ。この路線は、かつて渋谷から多摩川を越えて走った玉川電気鉄道、のちの東急玉川線の生き残り。玉川線が廃止され、世田谷線として独立してから四〇年以上も走り続けている。

新型車両と女性車掌で優しさを演出

東急世田谷線は下高井戸から三軒茶屋まで、わずか五キロメートルを約二〇分で結ぶ。本体の玉電は自動車交通の邪魔になるとして廃止されたが、世田谷線は専用軌道のため生き残った。その経緯は都電荒川線に似ている。世田谷線の電車は一〇年ほど前までは路面

電車風だったけれど、今はカラフルな新車になった。新車といえども最高速度は時速四〇キロメートル。なんとものんびりした路線である。

電車に乗る前に線路沿いを歩いてみる。世田谷線は日中に六分おきで走っていて、三分も待てば上りか下りどちらかの電車が通る。電車が起こす風を間近で浴びるなんて久しぶりだ。線路際には魚料理の定食屋があって、やがてその小道が線路からそれる。交わる道も細い。世田谷線が今も地元の人々に愛され、残っている理由は、沿線が小道沿いの住宅街だからである。まだ一七時というのに、夕ご飯を支度する香りが漂っている。

下高井戸の駅で「世田谷線散策きっぷ」を買った。三二〇円。駅員さんが「行ってらっしゃい」と声をかけてくれた。電車が駅に到着して、大勢のお客さんが降りてくる。ワンマン運転かと思ったら、若い女性の車掌さんが乗務している。彼女が背を伸ばして、上のほうの小さな窓を開けていく。昼間は冷房を使ったけれど、涼しくなったから風を入れようということだろう。女性らしい配慮。そういえばお客さんも女学生やOLさんが多いようだ。新車は冷房付きだけど、風情のあった旧型車は扇風機だけ。夏場はきつかった。

小田急線のガードをくぐり、宮の坂駅で降りた。この駅の近くには、招き猫発祥の地といわれる豪徳寺や世田谷八幡がある。涼を求めるなら境内の森を散策するのも良さそう。しかし私のお目当ては保存車両だ。下高井戸方面のホームの脇、世田谷区の公共施設の敷地に601と書かれた電車がある。大正一四年に製造された玉電の車両だ。世田谷線で活躍したあと、昭和四五年に江ノ電に譲渡された。そこも平成二年に廃車となって、この地に里帰りした。私が近寄ろうとすると電車の扉が開いて、小さな子供が二人出てきた。「おじさんバイバイ」と声をかけて帰っていく。挨拶を返したおじさんは電車の管理を担当する人のようで、扉に鍵をかけていった。

隣の上町駅には車庫がある。ホームからよく見えないので、電車を降りてひとめぐり。世田谷通りに接する界隈で賑やかだ。踏切を渡って世田谷通りに出て、車庫の裏手へ回る横道に入る。こちらは静かな住宅街。車庫と道の間に住宅。その隙間から電車をチラ見できるけれど、立ち止まっていると怪しい人だと思われそうだ。コインパーキングがあって、そこなら電車に近寄れそうだ。しかし用途外の立ち入りは不法侵入だっけ。自重する。

ようやく線路に向かう道があって、曲がると踏切。しかしそこはもう車庫から遠かった。諦めて帰る道すがら、白い小犬が足下に寄ってきた。目で綱をたどると若い奥さんで、思わず互いに会釈する。やっと涼しくなったこの時間に散歩に出たというところか。犬と奥さんと私はしばらく歩き、世田谷通りの手前で別れた。犬は一度だけ振り返った。

名物の踏切と光の道

次に降りた駅は若林。ここは世田谷線名物の踏切がある。交わる道は環状七号線。通称カンナナ。四車線の東京の動脈だ。踏切といっても遮断機はない。クルマ側にも電車側にも道路用の信号機があって、電車も赤信号で停車する。これこそが玉電の名残だといえる

東急世田谷線の若林踏切。電車がクルマの通過を待つ場面もある

だろう。世田谷線は法律上では軌道、つまり路面電車のままになっている。

若林踏切を歩道から眺める。環七通りは渋滞しやすく、クルマで通るとイライラする。逆に電車に乗っていて信号で待たされても、それはそれで心外である。しかし、こうして観察してみると、最近はダイヤを工夫しているようで、電車が長い間を待たされることはないらしい。道路のほうもスムーズで、前後の信号との連携が良くなったようだ。ただし、クルマ側が赤でも電車が来ないときがある。道路を横断する人がいるからだ。

電車が環七を渡ると、前方にオレンジ色の背の高いビルが見えてくる。キャロットタワーという、地域再開発で建てられた高層ビルだ。オフィスや店

舗が入っているほか、世田谷区が主導したため、区役所の出張所など公共施設としても使われている。特筆すべきは二六階だ。ここは最上階で、レストランのほかに入場無料の展望フロアがある。世田谷線の三軒茶屋駅はキャロットタワーのふもとにあって、線路はそこへまっすぐ延びている。

キャロットタワーでイベントと眺望を楽しむ

私が訪れたときは、キャロットタワー三階の世田谷文化生活情報センター・生活工房で、世田谷線ものがたり展を開催していた。世田谷線の発足四〇年を記念した催しで、懐かしの写真、世田谷線の歴史を示す資料、世田谷線や玉電を再現した鉄道模型ジオラマを展示していた。沿線に住んだことがある人や渋谷に通った人なら、懐かしいと思う写真ばかり。鉄道模型は精巧に作られていて、鉄道ファンでなくても興味深いだろう。

鉄道模型のジオラマが二種類あった。線路幅が九ミリのNゲージと、一六ミリのＨＯゲージ。ＨＯゲージには操作体験ができるコーナーがあったので、私も走らせてみた。実際の電車のようにゆっくりと走らせていると、係員が心配して「うまく動きませんか」と声をかけてくれた。「いや、これでいいんだ」と一周させると、今度は彼が私の倍以上の速度で走らせた。いや、違う。世田谷線はそんなに速く走っちゃいないンだ――そう言いかけてやめた。今の新型は昔の電車より速いのだ。彼の速度感が正しいかもしれない。

展望フロアに上がったら、ちょうど日が沈む頃合いだ。東京タワーや新宿高層ビルなど、派手な夜景が見えるほうはレストランになっている。スパゲティが八〇〇円程度の安い店で、満席の様子。無料開放されているほうは西向きで、富士山や羽田空港までの広い範囲が見渡せる。そして幸いなことに、こちらから世田谷線が見下ろせる。

世田谷線の線路の方向、その真上に夕陽があった。四本のレールがオレンジ色に光っている。そこを世田谷線の電車がすれ違う。さっき見た鉄道模型のようであった。展望フロアは区の施設としては珍しく、二三時まで開放され、夜景もたっぷり楽しめる。暗くなるまで電車を眺めながら、やっぱり私の速度感のほうが正しいと思った。

今回の電車賃

320円

東急電鉄（世田谷線散策きっぷ）……320円
世田谷線に1日乗り降り自由。

※参考
東急電鉄「トライアングルチケット」……390円
田園都市線（渋谷―二子玉川間）・東横線（渋谷―自由が丘間）・大井町線（自由が丘―二子玉川間）に1日乗り降り自由。

第16鉄

夏だ！ アニメがいっぱい西武鉄道沿線散歩

西武鉄道はアニメとのコラボレーションに熱心な会社だ。沿線にアニメの制作会社が多く、昭和のスター漫画家たちが暮らしたトキワ荘も西武沿線にある。西武鉄道新宿線の上井草駅前には『機動戦士ガンダム』の像が立っているし、大泉学園駅北口には『銀河鉄道999』の壁画もある。さらに、西武沿線にはふたつのアニメミュージアムがある。西武鉄道が子供向けに作っている安全啓発パンフレットもアニメキャラクターを採用している。西武アニメをテーマに西武線を旅しよう。今回はママ鉄さんにもオススメかも？

理想の女性はメーテルでした

鉄道ファンとアニメといえば『銀河鉄道999』だ。作者の松本零士氏は、海に沈んだ戦艦大和をイスカンダルへ飛ばしたと思ったら、次に蒸気機関車C六二形とスハ四四系客車をアンドロメダへ飛ばし、とうとう関東平野を丸ごと空に舞い上がらせた。それぞれの

西武鉄道3000系電車『銀河鉄道999』のデザインは2009年から

タイトルは『宇宙戦艦ヤマト』『銀河鉄道999』『新竹取物語　1000年女王』だ。設定だけを書くと荒唐無稽なようだけど、それぞれの作品には骨太の物語があった。友情、愛、正義、生命の尊さ。少年時代の私たちはマンガからたくさん学んだ。

もちろん私も『銀河鉄道999』のファンだ。多感な頃にこの作品に出会ってしまったから、さあ大変。理想の女性がメーテルになってしまった。

全国の鉄道に乗り続け、メーテルのような女性と巡り合いたいと旅を続けているけれど、恋の終着駅は遥《はる》か彼方。いや、始発駅さえ見つけられない。これ、メーテル・シンドロームっていわないのかな。

それはともかく、鉄道会社と『銀河鉄道999』のタイアップは日本各地で盛んに行われている。そのルーツは国鉄時代のミステリー列車、銀河鉄道999号だ。劇場版の公開を記念したイベントで、物語になぞらえて上野発行先不明の列車を走らせた。チケットの抽選に参加するために、子供の頃の私も上野駅の長蛇の列に並んだけれど、残念ながら願いはかなわなかった。そういえばあの日も暑かったなあ。

その後、JR東日本、大井川鐵道、北海道ちほく高原鉄道などで999にちなんだ臨時列車が運行されている。現在も上信電鉄、西武鉄道、北九州高速鉄道、肥薩おれんじ鉄道で銀河鉄道999をペイントした列車が走る。特に西武鉄道は八両編成という大スケールだ。しかし運行本数が多い池袋線で一本だけ。なかなか出会えない希少な列車である。ちなみに行き先はアンドロメダではなく、小手指や飯能という実在の駅。終点で機械化兵にとらわれたり、ネジにされたりはしないから安心しよう。

さあ行くんだ♪　大泉学園へ！

今回の旅は池袋駅からスタート。『銀河鉄道999』電車は池袋発着の各駅停車と準急に割り当てられているそうで、運が良ければ乗れるかも。池袋から約一九分で大泉学園に到着。なんとこの駅には『銀河鉄道999』の車掌さん像がある。名誉駅長だそうで、車掌が駅長とはややこしいけれど、彼にご挨拶したら北口に出よう。バス乗り場に面した壁に、999号とメーテル、鉄郎を描いた大きな壁画がある。

壁画を背にして駅前を散歩。目的地は東映の撮影所だ。大泉学園駅に『銀河鉄道999』の車掌さんや壁画があったり、ラッピング電車が走ったりする理由は、この街に『銀河鉄道999』のアニメを制作した東映アニメーションがあるから。東映アニメーションは東映撮影所の広大な敷地の一角にある。ここにはホームセンターもあって、日曜大工好きのお父さんにも有名なところ。映画の大道具の材料を調達する都合からか、大きな木材を購入できる。私の仕事場の作業テーブルの天板もここで調達した。畳ほどの大きさだ。

東映アニメーションギャラリーは、その東映アニメーションのビルの中にある。まさにアニメを制作する現場の一角だ。敷地の入り口の警備所で入館証をもらい、建物内の警備員さんにも入館証を見せる。ちょっと面倒だけど入場料は無料。建物の入り口に「水曜日はノー残業デー」なんて書いてある。ほかの日は残業が当たり前ってことだろうか。「お疲れ様です。皆さんのおかげで僕らはアニメを楽しんでおります」。心の中で手を合わせた。

ギャラリーの中央に大きなマジンガーZが立っていた。展示物は映画やテレビに使った原画や、過去に制作された作品のポスターなどが中心。筆者が訪れたときは『ONEPIECE』の特集で、海賊たちの手配写真ポスターがズラリと並んでいた。『セーラームーン』や『プリキュア』の立像、アニメの年表やビデオ上映もある。大人にとっては懐かしく、子供にとってはリアルタイムのアニメキャラクターに会える、親子で楽しめる場所だ。

ランチはアメリカンバーガー、デザートはかき氷

見物を終えて駅に戻ろうとしたら、何やらアメリカンなハンバーガー屋さんを発見。「ブッチャーズ・テーブル」という名である。肉好きの心をガッチリつかむ店名に思わず引き込まれた。大きなビーフパティとベーコン、チーズ、半熟卵のアメリカンスペシャルバーガーをいただく。肉のうまみとベーコンの香り、アメリカンの名にふさわしい量だった。ポテトもついて満腹、満足。メニューにはビーフパティ二枚のビッグサイズもあったけれど、早めのお昼にしては大き過ぎかも。でもいつか食べてみたい。

次に目指す駅はガンダム像のある上井草駅だ。大泉学園駅は西武池袋線、上井草駅は西武新宿線。どちらも都心から西へ向かって延びている路線であり、ふたつの駅は北と南だ。電車にたくさん乗りたいなら両路線が交差する所沢まで迂回してもいいし、池袋で山手線に乗り換えて新宿という手もある。練馬で都営地下鉄大江戸線に乗り換えてもいい。一番近くて安いルートは両駅を結ぶバスだ。

でも今回は、ちょっとだけ遠回りして冷たいデザートを食べに行く。かき氷専門サイト「トーキョーウジキントキ」で紹介されていた、ユニークなかき氷を食べたくなったから。池袋線の各駅停車に乗って一九分の椎名町で下車、南へ徒歩八分の和菓子屋「ますだや」へ。ここの氷紅梅シロップを食べたい。真っ白な氷の上に白あんと赤い梅のシロップ漬けが載っていて、抹茶が添えられている。一見、梅干し茶漬けのようなルックスだが、口に

梅干し茶漬けにそっくり「ますだや」のかき氷

含めば間違いなくかき氷。甘酸っぱい梅の香りが広がって、さっきのハンバーガーの油をスッキリと流してくれた。

　小さなテーブルで舌鼓を打っていると、上品な奥様がお使い物の菓子折りを買いに来たり、小学生の女の子がお小遣いで水ようかんをふたつ買っていったりする。地元の人々に愛されているンだなあ。創業は大正時代とのこと。身体の火照りも冷めて足取りも軽く、さらに南へ歩けば一〇分ほどで西武新宿線の下落合駅。ここから『ガンダム』の上井草駅までは各駅停車で一八分だ。

上井草駅へ「西武電車、行きまーす！」

　上井草駅南口の改札を出ると、正面にガンダム像があった。ブロンズ像で、右手を上げている。これはアニメだとどの場面だろう。ブロンズ像の足元にライトが埋め込まれていたから、夜はライトアップされるのだろう。そして、なぜかプラスチックの箱が置かれ、小銭が入っている。お賽銭《さいせん》？　御利益があるのかな。

上井草駅にガンダム像がある理由は、ここが『ガンダム』を制作している会社「サンライズ」の最寄り駅だから。商店街もガンダムで活性化を図っているようで、電柱にガンダムの旗が揺れている。駅の売店や商店のシャッターにもガンダムが描かれている。そういえば、東急田園都市線の桜新町駅周辺もサザエさん通りになっていて、似たような雰囲気だ。

サンライズ社も商店街の道路に面しているが、残念ながら見学施設はない。しかし、ここからバスで数分のところに杉並アニメーションミュージアムがある。最寄りのバス停は荻窪《おぎくぼ》警察署前。杉並会館という区の施設の三階にあり、入場無料。アニメの歴史やアニメのしくみ、制作現場のデスクを再現した展示などがある。絵を描いたり、編集やアテレコを体験できたりするコーナーもあって、体験型施設になっている。ちなみに館長の鈴木伸一氏は、藤子不二雄作品に登場する「ラーメン大好き小池さん」のモデルになった人だ。

私が訪れたときの企画展は「アニメゲゲゲの鬼太郎まつり」だ。過去から現在までの各シリーズの作風を、世情と比較分析している展示が興味深い。ミニシアターではアニメ『ゲゲゲの鬼太郎』の代表作が上映されていた。原作者の水木しげるさんの半生を描いた朝の連続テレビ小説『ゲゲゲの女房』のおかげで、再び鬼太郎ブームが来つつあるらしい。

西武鉄道は毎年アニメをテーマとしたスタンプラリーを開催する。スタンプラリーを楽しむ途中で、これらの施設を巡ってみてもいいと思う。また、スタンプラリーの時期はフリーきっぷも発売されるから、交通費も安く済む。

もうひとつ、西武鉄道とアニメといえば、『めぞん一刻』の舞台・時計坂駅のモデルとなったのが東久留米駅。同駅北口の取り壊しに伴い、二〇〇九年に『めぞん一刻』ゆかりの地を巡るスタンプラリーイベントが行われたこともある。

お台場のガンダム像は海外からも観光客が訪れたというし、秋葉原UDXビルにある「東京アニメセンター」も外国人向け観光コースになっているという。もしかしたら、この「西武沿線アニメーションツアー」も日本の観光資源のひとつになりそうだ……というわけで、海外から友人を迎えたときも、こんなルートで一日を過ごしてみてはいかがだろうか。

西武鉄道（池袋—大泉学園）……230円	
西武鉄道（大泉学園—椎名町）……200円	
西武鉄道（下落合—上井草）……200円	
西武鉄道（上井草—西武新宿）……200円	
西武バス（上井草駅—荻窪警察署前）……210円	
	今回の電車賃 **830円** +210円

第17鉄

金八先生の桜とスカイツリーを見に行く

二〇一一年三月二七日に放送された、ドラマ『3年B組金八先生』の最終回スペシャルを観た。金八先生の就任は私が中学生の頃。まさに私の中学時代にリンクしたドラマだった。それが三二年も続き、私は先輩の視点、親の視点でドラマを楽しむようになっていった。定年で教職を退く金八先生に感動しつつ、ふと思った。今は桜の季節。物語の舞台となった桜中学も桜が咲いているだろう……というわけで、満開の桜が散り始めたある日、ドラマの舞台ともなった東武鉄道の堀切駅を目指した。この近くには東京スカイツリーがあるし、東武博物館もある。充実した一日になりそうだ。

鉄道コラムだけど船からスタート

京急沿線にある私の仕事場から東武伊勢崎線方面に向かう場合、都営浅草線の直通電車に乗って、浅草または押上で乗り換えると便利。しかし、品川駅に近づいていてふと思った。

空も青く、暖かな春の日。なぜこんな日に地下を行くのか。地上の電車で行こう、と。

そこで品川駅からJRに乗り換えた。ところが電車の中は真っ暗。福島第一原子力発電所の稼働停止を踏まえた節電のため、車内の照明を切っていた。品川駅は屋根で覆われているため、京浜東北線の車内は地下鉄より暗い。仕方ないとはいえ悲しい。

そこで閃《ひらめ》いた！

「船で行こう！　日の出桟橋から浅草行きの水上バスがあるじゃないか！」

スマートフォンで水上バスのサイトをチェック。今なら一三時〇〇分発の便に乗れそうだ。浜松町駅で下車して、長い連絡通路を歩く。旧芝離宮恩賜庭園の桜は満開。良い旅になりそうな予感。鉄道の旅のコラムで船に乗るなんて、と思うけど、気にしない。だいじょうぶ。今回も鉄道ファンのお楽しみがある。

東京湾の水上バスは、日の出桟橋やお台場などを拠点とし、東京ビッグサイトや船の科学館へのアクセスルートとしても有名だ。しかしこの時期はやっぱり浅草行きの隅田川航路がオススメ。桜が咲く時期は増便して乗客増加に対応している。

もっとも今日は平日で、世間の自粛気分もあって船内は空いていた。おかげで右へ左へ

隅田川を渡る電車と建設中の東京スカイツリー

と席を移して景色を楽しめた。オススメは都心側。まずは汐留《しおどめ》の桜、晴海《はるみ》の桜、そして築地の聖路加タワーの桜。高層ビルを整備した水辺は、お約束のように桜を植えている。鉄筋コンクリートの街を作っても日本人は桜を忘れない。粋だね。

船から見える鉄道も忘れちゃいけない。出発してすぐに新交通ゆりかもめに挨拶したのち、もう一度ゆりかもめの下を通り抜ける。隅田川に入ってしばらくは、水の底に地下鉄がいくつも見える……という冗談は四月一日じゃないからやめておこう。両国あたりで総武線の鉄橋をくぐる。ゴールの浅草では東武鉄道の鉄橋が待っている。桜に見とれていてもここだけは要チェック。鉄橋の下から電車を眺めよう。

この隅田川クルーズに最近加わった風景といえば東京スカイツリーだ。桜の木が少なくなったな、と思ったら視線を前へ。東京スカイツリーが真正面にドーンとそびえ立つ。今や東京のほとんどの場所から見えるタワーだけど、船からの眺めは堂々としている。いかにも「未来が来た」という感じだ。

水上バスは東武鉄道の鉄橋の手前でターンして浅草桟橋に到着。ここは桜の名所、隅田川公園だ。桜の枝越しに見えるスカイツリーを観賞してから、鉄道の旅に戻るとしよう。

散歩の予定も節電しだい?

東武浅草駅のシンボルといえば、宝塚の舞台のような大階段。ふだんは両側のエスカレーターを使うところだけど、この日は節電で停止中。ここだけではなく、都内の鉄道はどこもかしこもエスカレーターが止まっていて階段だらけ。メタボ体型には厳しいけれど、ここは前向きに宝塚のスターになった気分で大階段を上った。

銀色の電車で目指すは東向島駅。東武鉄道といえば最近はスカイツリーの話題が多いけれど、今日はいったん最寄り駅の業平橋《なりひらばし》（のちのとうきょうスカイツリー駅）を通過して、先に東向島の東武博物館に行く。なぜなら、東武博物館も節電のため一五時で閉館になってしまうのだ。「自粛しないで出かけよう」「消費を増やして経済を元気にしよう」というけれど、出かけたくても節電ムードで目的地が開いていない。悩ましいところだ。

東武博物館は東向島駅に隣接している。改札を出るとすぐに入り口が見つかる。だけど入館前にその先を見てほしい。デラックスロマンスカーこと一七二〇形と、明治時代に活躍した日光軌道の路面電車がある。さらに歩いて水戸街道を渡るとSL広場があって、そこには東武鉄道開業時に活躍したB一形蒸気機関車もある。明るいうちに見たいところだ。

東武博物館は東武鉄道九〇周年を記念して一九八九年に公開された施設だ。二〇〇九年に開館二〇周年を記念してリニューアルオープンした。このとき、車両工場の片隅に保管されていた戦後初の特急電車五七〇〇形が復元されて持ち込まれた。また、東武鉄道初の電気機関車ＥＤ一〇一形も新たに展示に加わった。ＥＤ一〇一形は近江鉄道に譲渡されたが、廃車後も手厚く保存されており、新博物館を象徴する展示物として里帰りしたそうだ。運転シミュレータも刷新し、鉄道模型パノラマも最新の風景に作り替えられたという。

中庭の五七〇〇形とＥＤ一〇一形を眺めて、蒸気機関車の駆動実演を眺める。鉄道模型パノラマは一日に五回のショータイムがあるほか、幕間の時間帯は運転台に一〇〇円玉を入れると自分で動かせる。幅一四メートル、奥行き七メートルで都心から北関東平野を再現しており、スカイツリーもちゃんとある。かぶりつきの観客席も楽しいけれど、二階からも見下ろせる。こちらも空中散歩のようで楽しかった。ちなみに二階の通路の一部は線路際で窓があり、実物の車両が目前を通過する様子を眺められる。すごい迫力だと言いたいところだけど、窓ガラスは埃《ほこり》で曇っている。そろそろ磨いてほしいナ。

桜中学は「東京未来大学」になっていた

さあ、堀切駅へ行こう。ドラマ『3年B組金八先生』の舞台となった街だ。金八先生は下宿先や自宅から徒歩で通勤していたけれど、堀切駅は生徒が高校入試に向かう場面などでたびたび登場した。駅舎を上から撮っていた場面があって、クレーンを使ったのかな、と思ったけど歩道橋があった。誰でもあの角度から駅舎の写真が撮れる。

桜中学のロケ地となった「足立区立第二中学校」は堀切駅に隣接していた。現在は廃校になってしまい、跡地を「東京未来大学」が使用している。元の校舎を残して改装したというけれど、校庭にあたる部分に新たな建物を作ったため、ドラマ時代の姿ではなかった。意外なことに、足立第二中学がメインで使われた時期はＴＶシリーズの半分ほど。一九七九〜一九八〇年の第一期と、一九九九年からの第五期、二〇〇一年からの第六期、二〇〇四年からの第七期だった。第一期の内容が中学生の妊娠という内容だったため、学校側がその後のロケ地使用に難色を示したという。第五期から再び足立第二中学に戻れたけれど、第八期のときはすでに廃校になっていたそうだ。

「桜中学の桜」は、堀切駅側に一本、大学の時計塔のそばに一本と、ちょっと寂しい。外から見えない旧校庭側にはもっとあるのかもしれない。許可を得て見学しようかと思ったけれど、最近は安全上の問題で難しいかもしれないと引き返した。実はここに、地元の有志が金八先生記念館を作るという話もある。三〇年以上も続いた国民的ドラマの聖地として、教室を当時のままに保存し、番組ゆかりの品々を展示する構想とのこと。ぜひ作ってもらいたいと私も思うけれど、資金面で停滞しているらしい。

線路をまたぐ歩道橋で荒川河川敷に出た。ここも金八先生でおなじみのロケ地。ドラマの各シーズンのオープニングで「学校へ向かう金八先生がジョギングする金髪女性を見てニコニコする」というお約束の地だ。緑の芝が広がる水辺。金髪女性はいなかったけれど、トレーニングウェアで頑張るおじさんがいた。振り返れば京成本線の鉄橋。しばらく待っていると新型スカイライナーがやってきた。ここは鉄道ファンにとっても楽しい散歩道だ。

スカイツリーと桜とサーロインステーキ

東武伊勢崎線の上り電車で引き返し、業平橋駅へ。車窓の東京スカイツリーがどんどん近づいて、業平橋駅付近で見えなくなる。なぜなら近づき過ぎたから。改札を出て道路を渡ってから見上げると、ズーンとそびえ立つスカイツリー。ケータイのカメラの縦長アングルでも収まらないほど高い。駅名の由来となった業平橋が撮影の名所というけれど、ここからはよほど広角のレンズでなければカメラにすべて収まらない。

業平橋駅は東京スカイツリーおよび周辺施設、「東京スカイツリータウン」のオープンと同時に駅名を改称し「とうきょうスカイツリー駅」になるという。同駅は吾妻橋《あづまばし》駅として開業し、次に浅草駅、現在は業平橋駅、次で三度目の改称だ。ちなみに東武鉄道は過去に「杉戸駅」を「東武動物公園駅」と改称した例がある。駅名に執着しないなら、東武鬼怒川線の小佐越駅も「東武ワールドスクウェア駅」にすればいいのに、と思う。

東京スカイツリーの全景を見たくて、東京スカイツリーを背にして歩き、ときどき振り返ってみた。桜の木からニョッキリと生えたスカイツリーを眺めて満足。そのあとは街角の桜をひとつひとつ愛《め》でながら歩く。

今日の最後の目的地はレストラン「三州

名物ダムカレーは食せずも、ステーキもうまい！

家」だ。名物はダムカレー。有名なダムサイト「ダムマニア」を運営する店主が考案したそうだ。ご飯を深めのお皿に盛って堤防を作り、その片側にカレールーを注いだユニークなメニューだけど、テーブルに座ってみたら、な、なんと、サーロインステーキ定食が半額セール中だった。

名物のダムカレーを食べたい。しかし肉好きの私にとってサーロインステーキは魅力的。悩みながらお店に入ると、元気なおっかさんが待ち構えていた。「カレーはいつでも食べられるよ。メニューで写真を見せてあげるから、今日はステーキにしなさいな」と。そうだな。というわけで、本日のシメはサーロインステーキ。テツ分もタンパク質もたっぷりな、充実した一日となった。

東武鉄道（浅草―東向島）……140円
東武鉄道（東向島―堀切）……140円
東武鉄道（堀切―業平橋）……160円

東京観光汽船（日の出桟橋―浅草）……760円
東武博物館（入館料）……200円

今回の電車賃

440円
+960円

※参考
「業平橋」駅は改名し「とうきょうスカイツリー」駅となった。

第18鉄

東陽町発亀戸行き、都電の廃線跡を歩く

現在は荒川線のみになってしまった東京都電。しかし、かつては広大な路線網があり、最盛期の営業距離は二〇〇キロメートルを超えていたという。その栄華は完全に消え去ることはなく、各地に車両や遺構が残っている。特に都電三八番系統、錦糸堀車庫と日本橋を結ぶルートの専用軌道部分は緑道として整備され、人々の憩いの場になっている。電車が走らなくなった今、そこは意外にも楽しい散歩道だった。

東陽町は「バス銀座」？

東京メトロ東西線の東陽町駅から地上に出ると、そこは永代通り。大手町から日本橋、茅場町、門前仲町を経由して、東陽町から東へ行くと葛西に至る。東京メトロ東西線は、南砂町まではこの道の下を走る。

東陽町駅近く、永代通りと四ツ目通りの交差点に立つとバスの多さに驚く。永代通りに

は緑色の都バスがズラリと並び、四ツ目通りへ曲がるバスも多い。この交差点は都営バスの乗り場が六カ所もあって、永代通りの西方向だけで三つの屋根付き停留所が並ぶ。東陽町は一四ものバス系統が発着し、まるで都心のターミナルに匹敵する賑わいだ。ほかに交差点近くの東陽公園前からは成田空港行きと羽田空港行きのリムジンバスも発着する。

さらに永代通りはJR高速バスも頻繁に通る。ここからは乗れないけれど、この街の南にJR関東バスの車庫があるから、永代通りは東京駅始発の高速バスの回送ルートだ。路線バスから大型ハイデッカーバスまで、車種も様々で興味深い。もし私が東陽町に生まれ育ったなら、鉄道ファンではなくバスファンになっていたかもしれない。

東陽町も含めて江東区にバス路線が多い理由は、南北方向の鉄道路線がないから。東西方向はJR京葉線、JR総武線、りんかい線、メトロ有楽町線、メトロ東西線、都営地下鉄新宿線と六つも鉄道路線がある。これに対して南北方向は都営地下鉄大江戸線だけ。だから南北交通を補完するようにバスの路線網が形成された。江東区は「有楽町線の豊洲《とよす》から分岐して東陽町を経由し住吉に至る地下鉄路線」の建設に向けて動き出したという。それが実現するまで、東陽町のバス銀座は安泰といえそうだ。

なぜかバスについて熱く語ってしまったけれど、今日は地下鉄にもバスにも乗らない。バスが充実する明治通りに並行して、東陽町から亀戸《かめいど》まで緑道が続いている。そこを歩く。なぜか？　これが都電三八系統の廃線跡だからである。電車になったつもりで歩くぞ。

南砂緑道公園を北へ、東へ

東陽町駅を出て永代通りを東へ。この永代通りに都電が走っていた。日本橋から東陽公園までは二八系統と三八系統が共用し、二八系統は東陽公園前を出ると、先程の交差点から四ツ目通りに入り錦糸町へ直行する。三八系統は永代通りをもうすこし走って左折。そこから専用線に入った。その専用線が、現在は南砂緑道公園となっている。

南砂団地を囲むように道路があり、その道路に並んで緑道がある。もっとも、今となっては線路跡といわれるまでは気づかない。樹木が多く、真夏でも涼しく感じる。小川を埋め立てたといわれたら納得してしまいそうだ。お散歩中のお年寄りに聞いたら、背の高い木はほとんどが桜で、花見の時期は桜のトンネルになるという。桜は落葉樹だから、冬は陽射しがたっぷり注ぐ散歩道になるだろう。

線路二本の幅は歩道と自転車道に使われており、ふたつの道はなぜか波形を描くように曲がって何度も交差する。線路が交差していたわけはなく、公園として整備するときに、まっすぐ歩くより楽しかろうとい

都電の廃線跡を歩く。アーチの先は貨物線の鉄橋

う配慮があったかもしれない。自転車と歩行者の連続交差なんてちょっと気になるけど「自転車もゆっくり走ってほしい」という意図だろうか。

緑道散歩で最初に出会った遺跡は都電関連ではなく、長州藩大砲鋳造場跡だ。ここは長州藩が幕府の許可を得て大砲を鋳造したところ。この大砲は当初、三浦半島の砲台に置く予定だった。しかし実際は下関に置かれ、関門海峡の封鎖に使われたという。

貨物線との交差部で都電の遺跡と出会う

南砂緑道公園は南砂団地を囲むように、ほぼ直角に東へ曲がる。歩道と自転車道は並んで直線に延び、正面にガード橋が見えてくる。この鉄橋は廃線ではなく現役の貨物線。JRの越中島支線だ。歩道整備のために嵩上《かさあ》げされているけれど、線路時代は下り坂で、都電の線路はもっと低いところを通っていたはず。ちなみに南砂団地は汽車製造という鉄道車両メーカーの工場跡地で、製造された車両は越中島支線から出荷された。

その鉄橋の手前で、ようやく都電の遺跡が見つかった。レールと車輪だ。説明書きには、この緑道が元都電（城東電車）の用地であること、線路は昭和二年に敷設されたことなどが書かれている。三八系統のこの区間は、都電に編入される前は城東電気軌道が運行していた。その証拠は意外にもJRの貨物線が教えてくれた。この越中島支線の鉄橋の名前が「城東電軌こ線ガード」になっている。こ線の「こ」はおそらく「跨《またぐ》」という字だろう。

設置者の名前はＪＲ東日本。ＪＲの発足は一九八七年で、都電廃止のずっとあとだ。それでも「城東電軌」の古い名前が残されている。

この鉄橋をくぐり抜けると、緑道は明治通りに突き当たる。三八系統はここから明治通りとの併用軌道に入り、路面電車として北へ向かった。明治通りの歩道を歩く。明治通りは都営バスの運行系統が多く、都営バスとしては珍しい「急行」が走っている。

ちょっと寄り道して貨物線へ

三八系統は明治通りを北上する。明治通りは幹線道路で騒々しかったので、ちょっと寄り道してみた。南砂四丁目交差点の先が親水公園の入り口で、左に折れて公園に入れば正面に鉄橋。これはさっきの越中島支線である。その線路に沿うように南砂線路公園がある。この公園は複線だった貨物線の線路跡地。こちらのほうが楽しそうだ。

線路を眺めつつ清洲橋通りを越えていくと大きなマンションが現れる。その先はアリオ北砂というショッピングセンターだ。このビル群のある広大な土地に、二〇〇〇年まで小名木川貨物駅があった。開設は一九二九年。

このあたりは昔から水路が多く、水運を利用した倉庫業や製造業が集まった。小名木川駅は鉄道輸送と水運との接続拠点として機能していた。これは鉄道の発達史に多く見られる形態で、かつての秋葉原貨物駅も神田川の水運と接続していた。小名木川駅は東京港の埠頭《ふとう》の拡張とともに荷扱いを増やした。そして錦糸町駅、両国駅、亀戸駅の貨物機能を移転集約させると、年間貨物取扱量は二九〇万トンもあったという。小名木川駅の記憶を残すものとして、マンションの敷地の一角に車輪が飾られている。

さらに寄り道して砂町銀座を往復

このあたりでお昼になったので、またまた寄り道。線路を背にして東へ歩き、明治通りに当たると砂町銀座商店街がある。ここから丸八通りまでの六七〇メートルに商店がズラリと並ぶ。昭和の趣を残す大商店街で、お昼前というのに買い物客が多く、お店も活気がある。私もぶらりと商店街めぐり。豆腐専門店でおからを使ったお煎餅を買ったり、おもちゃ屋さんやペットショップを眺めたりと、のんびり歩いて楽しんだ。

かつては都電が走っていたとはいえ、鉄道駅から遠い地域にこれだけの商店街があるとはちょっと不思議。でも私には思い当たることがある。「もしかしたら」と探してみると……やっぱりあった。銭湯だ。今はマンションの奥になっているが、商店街の宝くじ売り場の横を曲がると銭湯があった。

家庭風呂が普及するまでは、労働者が多い街には銭湯が欠かせなかった。そこで、人々が集まる銭湯の周りに商店が次々と開店したのだろう。砂町銀座には、かつて別の場所に砂町温泉もあったそうだ。私の母方の祖父も二〇代で上京し、東京・大田区で銭湯を始めた。銭湯のおかげで街ができたと、祖父の葬儀で誰かが言っていた。東京には「門前町」ならぬ「銭湯町」があるのだ。地主さんが土地の借り手を呼び込むために、まずは銭湯を誘致したのであった。駅から離れた商店街、その中心は銭湯にある。

さて、丸八通りに出たらちょっと北へ。肉好き仲間に教えてもらったレバー丼屋さん「ぱやよし」を探し当てた。新鮮なレバーを目の前の鉄板で焼き、甘辛のタレを絡めてご飯に載せる。この「純レバ丼」は三五〇円。テイクアウト専門なので、砂町銀座を逆戻り。温かいうちに食べたいけれど、今は食べている場合ではない。急げ急げ。越中島支線に戻るのだ。貨物列車は一日三往復。その貴重な列車が一二時過ぎに通過する。見なくちゃ。

かつて大量の貨物を扱っていた越中島支線には、現在レール運搬用の貨物列車が走っている。レールは港で陸揚げされ、JR東日本レールセンターで加工されて貨車に積み替えられ、各地のレール交換現場に運ばれる。旧小名木川駅あたりで純レバ丼をほおばりながら待っていると、赤いディーゼル機関車が数両の貨車を牽《ひ》いてきた。海方向へ向かっているから、荷物を迎えに行くところだろうか。ジョギングのような速度でゆっくりと通り過ぎた。踏切の前で列車がいったん停止し、係員が安全を確認する。なるほど、運行本数が少ないから、廃線だと勘違いするドライバーがいるかもしれないな。

再び緑道を歩いて亀戸へ

越中島支線は鉄橋で小名木川を渡る。残念ながら隣に歩道橋がないので、ここで線路とお別れだ。しかし明治通りに戻って一〇〇メートルほど歩けば、次の廃線跡の「大島緑道公園」に入れる。こちらも緑がたくさんある。住宅街の裏にもかかわらず、森のような香り。沿道には図書館や中学、高校があり「文学の散歩道」といった趣だ。私の前を制服姿の男女が楽しそうに歩いている。青春だなあ。いいなあ。

大島緑道公園と新大橋通りの交差点。この細い道の真下に都営新宿線が走っていて、一〇〇メートルほど西に西大島駅がある。どこからか揚げ物のいい香り……と思って振り返ったら、鶏のから揚げ専門店があった。から揚げといえば九州の中津が有名だけど、最近は都内でもテイクアウト専門のから揚げ店が増えている。いい匂いがどうしても気になって店内へ。揚げたての醤油味、塩味、ニンニク味を一〇〇グラムずつ買って、串を一本もらった。食べながら緑道に戻る。揚げたてだから、まるごと口に放り込むわけにはいかない。少しかじり、熱い肉汁を

アツアツのから揚げを食べながら歩く

吸いつつ、フーフーしながら食べた。んー、うまいなぁ。
　肉汁にまみれた指をなめつつ歩くと、正面に首都高速小松川線が現れた。その下をくぐり抜けると、都電三八号線の遺跡があった。レールと車輪、そして往時の都電の写真が描かれた説明板に「竪川人道橋」とある。緑道には線路跡の面影がなくなってしまったが、ここでやっと都電の頃を想像できるものを見られた。
　右手にショッピングモールを眺めて、約二〇〇メートルで緑道の終点となった。京葉道路を渡れば亀戸駅だ。東陽町からここまで、寄り道しながら四時間ほどの散歩だった。

あ、今回は電車に乗ってない！

今回の電車賃

0円

第19鉄

私のルーツをたどる旅——肉と桜と池上線

私の誕生日は東京あたりで桜が咲く時期。満開の桜が祝ってくれているようでうれしくなる。もちろん仕事なんかしている場合ではないのであって、電車で桜を愛でに行く。

私は東急池上線の沿線で生まれ育った。五反田駅付近の関東逓信《ていしん》病院（現・NTT東日本関東病院）で生まれ、洗足池駅付近で八歳まで、その後は旗の台駅付近で高校卒業まで住んだ。私の電車好きは東急池上線から始まっているし、肉好きに拍車をかけた店も池上線沿線にある。私の身体の肉付きが良くなった理由も、歩かないで池上線で電車通学をしていたから。その経験を出し切って、オススメスポットを紹介しよう。

東急池上線は、山手線の五反田駅と京浜東北線の蒲田駅を結ぶ。路線延長一〇・九キロメートル。都電荒川線より短いミニ路線だ。電車のサイズもほかの通勤路線よりちょっと小さい。全長一八メートルの三両編成だ。小さな路線ながら、桜の名所をふたつも通る。

蒲田といえば餃子？ いいえ、南蛮カレーです

ＪＲ京浜東北線の蒲田駅。蒲田は最近、〝羽つき餃子《ぎょうざ》〟の街として知名度を上げている。私のオススメは「ニーハオ」と「歓迎《ホアンヨン》」。でも池上線からはちょっと遠い。今回は地元の人なら誰もが知っているカレー店「南蛮カレー」で腹ごしらえだ。

「南蛮カレー」は当時、蒲田駅西口のすぐ近くにあった。街のどこにでもありそうなカレースタンドで、オススメはカツカレー。カウンター席に座ってキッチンを見ると、奥で大きな豚肉のかたまりを切り出し、揚げたてアツアツのトンカツをドンと、湯気の立つご飯の上に載せてくれる。カレールーも香ばしい。その後、このお店は惜しまれつつ閉店。しかし、駅から少し離れた洋食屋さん「キッチンすみっこ」で、懐かしのカレーの名で復活した。

お腹いっぱいになったら、向かいの東急プラザ本館の二階へ行こう。そこに東急池上線と多摩川線のホームがある。

東急蒲田駅は五反田駅へ行く池上線と、多摩川駅へ行く多摩川線が発着する。櫛形《くしがた》にホームが並ぶ典型的な電鉄スタイル。ホームの先端に行くと、ふたつの複線が並び、線路間をたくさんのポイントが交錯する。多摩川線は三～四分間隔、池上線は三～六分間隔で走る。これは都内屈指の運行密度だ。どんどん電車がやってくるから、駅に立っているだけでも飽きない景色。どれも似たような銀色の車体でも、よく見ると細部の形が違ったりする。その違いを見分けるところから、この沿線の鉄道ファンは鍛えられていくわけだ。もっとも、筆者が子供の頃はイモムシみたいな緑色の電車だった。当時もやっぱり古い電車の寄せ集めで、戦前から生き残った車体まで走っていた。私も当時、三四五〇形と三八〇〇形の違いを判別しようと目を凝らし、鉄道ファンとして鍛えられた。

東急の中でも古い電車の吹き溜《だ》まりだった池上線に、ついに光が当てられて、二〇〇八年から緑色の最新型七〇〇〇系が走り始めた。幸運なことに、今回最初に乗った電車はその七〇〇〇系。動作音が静かで、グングン加速していく。なんと軽快なことだろう。昔の緑の電車は、もわおわぉーん、なんて、大きな音を出していたよな。

池上駅――伝説の格闘家の墓と「鉄道歌謡」の舞台

蒲田駅からふたつめの池上駅で降りる。沿線随一の桜の名所、池上本門寺へ歩いてみた。池上本門寺は日蓮宗の大本山で、日蓮が最後に過ごしたという由緒あるお寺だ。境内には無数の桜の木。ここは公園とは違い、宴会が許されていないので、散歩しながらゆったりと桜を楽しめる。桜祭りの日には、五重塔が特別に開帳され、ありがたいお話も聞ける。そもそも池上線は本門寺の参詣輸送のために敷設された路線。格闘技ファンには力道山の墓所としても有名だ……というわけで、桜のトンネルをくぐり抜け、五重塔を通って力道山さんに会いに行く。

カツカレーを食べたばかりだけど、広い境内を散歩したら小腹が空いた。門前町を通って池上駅に戻ろう。食べ物屋さんがいろいろあって、特にこの界隈はくず餅《もち》が有名だ。しかしこのコラムは肉がテーマ（だっけ？）であるからして、池上線にちなんだ肉料理をいただこう。さぁ、こちらへ。ケンタッキーフライドチキン池上店だ。

「何ぃ、どこにでもあるフランチャイズ店だと？」

あ、怒らないで。このお店は池上線ファンとしては絶対に外せないお店だ。その理由は一九七六年に西島三重子さんが歌った歌謡曲『池上線』にある。歌詞の二番に登場する〝角のフルーツショップ〟が、今はケンタッキーフライドチキン池上店になっている。そんな名所なのに、店内にはそれを示すものがない。カーネルサンダースおじさんの人形もない。

ちなみに、歌謡曲『池上線』は全国的にヒットしたものの、翌年に狩人の『あずさ2号』がビッグヒット。その陰に隠れてしまったと記憶している。しかし、一九八〇年代にコミックソング『目蒲線物語』がヒットすると、それと対比的に紹介されるなど、息の長い人気曲になった。『池上線』の歌詞に、「古い電車にすきま風が入って寒さに震える」という内容があって、当時の東急電鉄がクレームを入れたとか入れないとかいう伝説もある。もっとも、現在は池上線のイベントに西島さんが招かれるなど、関係は良好のようだ。

さらに池上線に揺られて三つめの駅、御嶽山《おんたけさん》で降りる。ここは新幹線と新横須賀線の真上にホームがあって、鉄道ファンにオススメのスポット。フェンスの網目が細かくてちょっと残念だけど、レンズが小さいケータイのカメラなら新幹線をうまく撮れそうだ。

御嶽山駅で改札を出て、もうひとつの鉄道スポットへ行くために、隣の雪が谷大塚駅まで歩いてみた。両駅間はたったの八〇〇メートル。徒歩一〇分ほど。お目当ては池上線の車両基地。子供の頃に自転車で見に来たなあ。

あれ、今は高い壁があって様子が見えない。残念。踏切を渡りながら、ちらりと覗いた。

洗足池で足を洗った人は誰

雪が谷大塚から電車に乗ってひと駅、石川台で降りる。洗足池駅へ向かう線路沿いの坂道も池上線の桜の名所。線路は切通しになり、その線路をまたぐ橋がある。かつては橋の向こうにも桜の木があったけど、橋の架け替え工事のときに伐採されてしまった。この伐採されたほうの木が、私が物心ついて初めて見た桜であった。誠に残念。

そのまま線路沿いの坂を下りていくと洗足池駅だ。四〇年前、このあたりのアパートに両親と私が住んでいた。アパートは戸建て住宅に建て替えられていた。

線路のそばに土手があって、そこに座って桜と電車を眺めたものだった。その土手も今は崩されてマンションが建っている。子供の頃に育った場所を訪問すると、思い出と発見が入り交じる。なかなか楽しい散歩だ。

洗足池駅の向かいに、駅名の由来となった洗足池がある。このあたり、地名は千束で池の名は洗足。もともとの名は千束池で、日蓮さんが旅の途中で足を洗った故事にちなんで洗足池に改められたという。湖畔には日蓮さんが袈裟《けさ》を掛けた松も残っている。ここも本門寺同様に桜の名所で、公園の空を桜の花が埋め尽くす。こちらは縁日に屋台がたくさん出て、公園内で宴会も可能。満開の休日は地面がブルーシートの海になる。

坂本龍馬ブームの昨今だが、この洗足池の畔に龍馬の盟友、勝海舟夫妻の墓がある。勝海舟晩年の家がこの近くにあったそうで、西郷隆盛も訪れたという。墓石のそばにある西郷隆盛留魂碑は、西郷の死を悼んで勝自身が建てたとのこと。幕末史好きなら訪れたいところ。公園はお花見で賑やかでも、このあたりは静かだ。勝先生も和んでおられるだろう。

洗足池駅から五反田駅へ。隣の長原駅は地下駅。線路は平坦だけど、かつては上り坂で、環状七号線の踏切があったという。それを解消するために切通しで立体交差に

在りし日の池上線電車と桜。今はどちらもない

した。次の旗の台駅の先、荏原中延駅も地下駅。こちらも複数の踏切を解消するために線路を潜らせた。荏原中延の次は戸越銀座。日本中あちこちにある「○○銀座」発祥の地で、商店街が賑わっているとしてメディアにもよく登場する場所だ。ここも散歩したい街のひとつ。

三つめの地下区間、ちょうど国道一号線をくぐり抜けたところに、かつて桐ヶ谷駅があったという。線路脇の土手に痕跡があるらしいが、電車の中からは判別しにくい。わざわざ見に行くほどでもないけれど、戸越銀座を散歩するなら立ち寄ってみたい。

電車は築堤を通って大崎広小路へ。そういえば築堤という工法も昭和の遺産のようなものだ。今なら盛り土などせずに、コンクリートの柱を立てて高架にするだろう。でも築堤のおかげで列車の通過音が静かになる。池上線沿線は住宅地として人気だが、その理由のひとつは「線路のそばでも意外と静かだから」かもしれない。

大崎広小路は高架駅。山手通りに面した改札口までは細い階段で通じている。ここから終点の五反田駅まではたったの三〇〇メートル。東海道新幹線一編成より短い。そしてここも珍しい鉄道スポット。終着駅手前の分岐器だ。よそでは「×」形の両渡り線タイプが多いけれど、五反田駅は「＼」と「／」の片渡りタイプが連続する。両駅間の微妙なカーブに合わせているらしく、線路好きにオススメだ。私が子供の頃、運転台の真後ろに立って「今日はどっちに行くかな」なんてワクワクしたものだ。いや、今だってワクワクする。

シメは五反田のメンチカツ

五反田駅に到着し、池上線を乗り通したら小腹が空くはず。空くんだ！　洗足池だって歩いたし！　というわけで、うまい肉を食べに行こう。五反田には私が好きなハンバーガーショップ、マクドナルドやクワアイナがある。懐が暖かければ黒毛和牛ステーキで人気の店もある。しかし、本日、最後に紹介する肉料理はメンチカツだ。目黒川の橋のそばにある洋食店、「スワチカ」に行こう。揚げたてのメンチカツを箸で割ると、肉汁がジュワッと流れ出す。これで白いご飯をかっ込んで、豚汁で飲み下す。皿に残った肉汁は千切りキャベツに絡めていただく。肉好きには至福のひとときだ。

今回の電車賃

東急電鉄（蒲田—池上）……120円
東急電鉄（池上—御嶽山）……120円
東急電鉄（雪が谷大塚—石川台）……120円
東急電鉄（洗足池—五反田）……150円

510円

第4章　乗るだけで極上気分！　特選列車旅

第20鉄

きらきらうえつ号で眺める、とっておきの夕陽

印象に残る旅の車窓風景を挙げていくと、朝陽と夕陽が多い。夜は何も見えないし、真昼は見たくないものまでさらけ出してしまう。寝台特急が消えていく中、車窓からの朝陽を拝む機会は減ってしまった。しかし夕陽の見どころは多い。

今回は、汽車旅好きにオススメの夕陽を紹介しよう。JR東日本のジョイフルトレイン「きらきらうえつ」だ。この列車は秋の一時期、「夕陽ダイヤ」を設定している。夕陽の名所・笹川流れで長時間停車するのだ。

乗って楽しい、降りて楽しい「ジョイフルトレイン」

日本海側の羽越本線を走るジョイフルトレイン、「きらきらうえつ」は、週末に新潟駅と山形県の酒田駅を結ぶ快速列車だ。下り列車は新潟駅一〇時一五分発、午前中の淡い光の中を北上する。広大な新潟平野を過ぎ、山形県との県境付近で日本海に沿い、肥沃な庄

内平野まで走る。終点の酒田駅着は一二時五一分。初夏から初秋にかけてはさらに北上して象潟《きさかた》駅へ延長運転する。折り返す上り列車は、象潟駅一五時二四分発、酒田発は一六時一一分、終点の新潟駅には一八時二八分に着く。「きらきらうえつ」という列車名は、日本海のさざ波がキラキラと輝く風景に由来するのだろう。

車両は「きらきらうえつ」専用車両の四八五系七〇〇番台を使用する。四八五系は国鉄時代に日本各地で活躍した特急用電車だ。「きらきらうえつ」用の七〇〇番台は特別な改造が施されている。モーターや台車などの足回りはそのままに、車体は新たにジョイフルトレイン仕様として製造し、そっくり載せ替えた。

ジョイフルトレインとは、主に観光用途を目的とし、専用車両を使った列車をいう。四八五系七〇〇番台は四両編成で、前後の運転台付近は展望室、中間の一両にラウンジが設けられ、隣接した売店で購入した飲食物を楽しめる。

座席は一般の特急列車の普通車のようでいて、窓は大きく天井は高く、座席の位置もすこし高い。ハイデッカーの観光バスの列車版という趣だ。座席の前後間隔もゆったりしている。足回りは特急用車両だから

新潟と酒田を結ぶ快速列車「きらきらうえつ」

乗り心地もスピードも快適。「きらきらうえつ」は快速列車扱いのため、特急券や急行券は不要である。おトクな列車である。ただし全車指定席だから、乗車券のほかに指定席券として五一〇円（時期により三一〇円）が必要となる。

さて、先に記した運行時刻からも分かるように、この列車で夕陽を眺めるなら上り列車の新潟行きに乗ろう。チケットを手配する前に、日没の時刻もチェックしておきたい。「きらきらうえつ」が日本海にピッタリ沿う区間は小波渡駅の先から村上駅の手前まで。一六時四〇分頃から一七時四〇分までの一時間だ。

国立天文台のＷｅｂサイトで日の入りの時刻を調べると、だいたい九月下旬から一〇月末日と、一月中旬から二月末日あたりが最適な時期。冬の日本海側は晴れの日が少ないから、やっぱり一〇月が良さそうだ。

もっとも、この海沿いの区間でも「きらきらうえつ」の車窓は、ずっと海が見えているわけではない。残念なことに、トンネルがとても多いのだ。海岸線まで山が迫っているところで、鉄道や道路敷設の難所だったところである。だから、海沿い区間は長短のトンネルが断続的に続く。しかし、そこがまたいい。トンネルを抜けるとパッと海が見えて、またトンネル、また海が見えて、トンネル。それはまるで、スライド映写機で風景写真を見ているような感覚だ。しかも、海が見えるたびに海岸や岩の表情が変わる。刻々と明るさも変わっていく。平板な海岸線が続く風景よりも楽しめる。

ついでにいうと、夕陽にこだわらず、少しでも海を眺める時間を増やしたいなら、新潟駅発の下り列車がオススメ。下り線のほうがトンネルが少ないから。羽越本線は当初、単線で海沿いに建設した。当時の技術と予算では長いトンネルを掘れなかった。羽越本線を複線化するにあたり、下り線は旧本線を使い、上り線を新設した。上り線はずっとあとに作られたので、トンネルを増やし直線的に敷設された。

「きらきらうえつ」に乗るなら、海の景色の下り列車か、夕陽の上り列車か。悩ましいところだ。もちろん、新潟―酒田間で往復とも乗ってもいい。

JR東日本の粋なはからい「夕陽ダイヤ」

もしあなたが上り列車に乗り、車窓のついでというだけではなく、存分に夕陽を満喫したいなら。そして、夕陽を浴びて盛り上がった勢いで恋人に大切な話をしたいなら、時刻表をよく見て「夕陽ダイヤ」の日に乗ろう。その日は酒田駅の発車時刻が約五〇分繰り上がり、その時間を桑川駅で停車して、ふだんと同じ時間に新潟駅に着く。夕陽の名所「笹川流れ」に最寄りの桑川駅で約五〇分も停車する。JR東日本の粋なはからいだ。

夕陽ダイヤの「きらきらうえつ」に乗ると、日本海沿い区間で刻々と太陽が傾いていく。トンネルを出るたびに海の輝きが増し、まるで空と海の両方に太陽があるようなまぶしさだ。桑川駅に着くと、車内放送の案内にしたがって、乗客のほとんどが降りる。地元の人々の歓迎行事も開催される。

二〇〇八年の一〇月に私が乗車したときは、岩海苔の味噌汁が振る舞われた。夕暮れの空気が冷たいだけに、温かい味噌汁がうれしい。続いて地元の特産品の試飲会。日本酒、ワイン、飲むヨーグルトなど、小さなカップで提供される。並んで歩いているうちに、全部試してしまう。酒に弱い私はこれだけで良い気分。身体が熱くなって、夕陽観賞の間も寒くなかった。夕陽が落ちるまでの時間は獅子舞などで楽しませてくれる。

これらはすべて無料。こちらは乗車券と指定席券だけで訪れているのに、おトクというか申し訳ないというか。もっとも、無人駅の桑川には「道の駅笹川流れ」と「夕日会館」があり、試飲した酒や海産物などを販売している。乗客のほとんどがお土産を買っていて、それなりに売り上げもあるようだ。

桑川駅に隣接する道の駅で特産品試飲サービス

さて、いよいよクライマックスの夕陽タイム。片側一車線の国道三四五号線を注意深く渡れば、そこは景勝地「笹川流れ」の展望スペースだ。新潟県村上市の笹川流れは一九二七年に国の天然記念物に指定され、日本百景にも選ばれたところ。約一一キロメートルの海岸線に様々な形の岩が立つ。遊覧船もあるそうだから、いずれゆっくりと訪れたい。

発車の合図で列車に戻れば、車窓はトワイライトタイム。海の色がだんだん濃くなって、やがて空と海の色が同じになり、水平線が曖昧《あいまい》になっていく。ここから先の景色も紹介したいところだが、残念ながら私には記憶がない。試飲のお酒のせいで、終点の新潟まで心地よく眠ってしまったからだ。これも汽車旅の「至極の時間」である。

今回の電車賃

3450円

JR東日本（酒田―新潟）……2940円
JR東日本（きらきらうえつ指定席）……510円

※参考
JR東日本（週末パス）……8500円
　東京から休日に乗りに行く場合に便利。JR東日本の関東と南東北エリアの路線と、エリア内の13社の路線で普通列車自由席が乗り降り自由。特急料金・指定席券などは別途必要。

第21鉄

かわいくてかっこ良くて便利な電車
——富山ライトレール

久しぶりに富山港線を訪れた。前回は二〇〇五年で、この路線はＪＲの富山港線という名だった。たった一両の小型ディーゼルカーが、ほんの数人のお客を乗せてのんびりと走っていた。日中の運行頻度は一時間に一本。「ひなびたローカル線」という印象だった。もっとも、沿線に建物は多いし、終点のひとつ手前には競輪場もある。「うまく立ち回れば、もう少しお客が増えそうだ」と思ったのを覚えている。

懐かしさも薄れるほどの変貌ぶり

ＪＲ富山駅を降りると、北口の駅前に花で飾られた開放的な駅があり、丸っこくてかわいらしい電車が止まっている。富山ライトレールの「富山駅北」駅だ。この電車は、ここから富山港駅付近の岩瀬浜駅までを二四分で結ぶ。

ローカル線を再訪するとき、そこには少なからず懐かしい感情が湧くものだ。しかし今、富山駅北口の佇まいにそれはない。それも当然で、富山駅北はJR富山港線が富山ライトレール富山港線に改造されたときに、もっと便利にしようと、富山駅付近のルートを変更し、オフィス街の道路を通る路面電車とした。ここからふたつ先の奥田中学校前駅までが、新たに建設された併用軌道だ。路面電車のようなスタイルで、将来はJR富山駅の向こう側にある、富山地方鉄道の路面電車と相互乗り入れする計画もあるという。

JR富山港線を富山ライトレールにしたときに変えたところは、この新設区間と、電車と、各駅の構造だった。電車は二両ひと組の最新型で、ヨーロッパの路面電車を思わせる姿。床が低く、低いホームとの段差をなくしたから、足の不自由なお年寄りや車椅子のお客さんも簡単に乗り降りできる。私のような、太ったお腹のせいでつま先が見えない人もつまずきにくい(笑)。いやこれは冗談ではなく、この設計は誰にでも乗り降りしやすい構造である。最近は身体の不自由な人向けの「バリアフリー」よりも、誰にでも便利な「ユニバーサルデザイン」という言葉を聞くようになった。段差がなくなれば、大きな荷物を持った人や、ベビーカーを押すママにも優しい乗り物になる。

理屈を語るよりも乗ってみよう。車内は外観の丸さからは意外なほど広く、天井が高い。運転席と客室に仕切りはなく開放的。前方の展望も楽しめる。座席は向かい合わせ式で、二人掛けと一人掛け、一人半サイズもある。座席はJR時代に比べると減った。それは車体が小さいから仕方ない。その代わり日中の運行間隔は一五分おきに短縮されたから、どうしても座りたい人は一五分だけ待てばいい。

電車は道路と歩道の間をスルスルと走り、交差点を右折してインテック本社前駅に停まる。ＩＴ企業のインテックが駅の命名権を買い取ったのでこの名前になった。古参のゲームファンならＰＣエンジン用の野球ゲームを作った会社だと覚えているかもしれない。現在はゲームを作っていないそうだ。ちなみにこの路面区間には不自然なＳ字カーブや、片側が途切れた分岐器がある。複線化するか、すれ違いができるように準備しているようだ。

インテック本社前の次の奥田中学校前駅で路面区間は終わる。路面区間の最後に左折する場所があって、ここから旧富山港線の線路に入る。ちらりと旧富山港線の富山駅方向を見てみた。しかし、そこにはもう線路の名残は見つけられない。奥田中学校前駅は新しくできた駅だ。旧線にあって廃止になった駅の代わりに作られた。その奥田中学校は先ほどの交差点の向こう側にあり、駅のそばには北陸電力と関西電力の社宅がある。これだけ人の多い地域を、ＪＲ時代はなぜか一時間おきで走っていた。お客さんが集まらないわけだ。

旧ＪＲ区間にも変化がたくさん

線路専用の区間に入り、電車はスピードを上げて快調に走っていく。奥田中学校前駅から先はＪＲ富山港線の線路のままだ。変わったところといえば駅だ。かつては各駅に駅舎があり、高いホームがあった。しかし、現在は電車の床の低さに合わせて、各駅に新しく低いホームが作られた。そして、粟島（大阪屋ショップ前）駅と犬島新町駅が新設された。

列車のすれ違い設備も増えて、城川原駅には車両基地が作られている。大改造である。

車窓もすこし変化した。かつては並行する道路をバスが頻繁に走り、鉄道よりも便利そうに見えた。しかし今はバスの姿がない。富山ライトレールに改造するにあたり、この地域の交通は線路を幹とし、蓮町《はすまち》駅と岩瀬浜駅からフィーダーバスを走らせるという施策になったからだ。乗り換えが負担にならないように、バスもノンステップの小型バスで、駅のすぐ近くから発着する。運賃の乗り継ぎ割引もある。

富山ライトレールの運賃はどこまで乗っても一回二〇〇円。フィーダーバスも一回二〇〇円。しかし、IC乗車券を使って両者を乗り継ぐ場合はどちらも一〇〇円。この地域では、電車だけでも、バスに乗り換えても目的地までは二〇〇円で行ける。こ

富士ライトレールの起点、「富山駅北」駅

れもなかなか便利そうで、蓮町で乗り換える人も多かった。

しかし、もっとも大きな変化は車内の人々だ。ＪＲ時代に私が乗った岩瀬浜行きの乗客はせいぜい数人。競輪開催日はもっと多いのかもしれないが、帰りの列車は私だけだった。それが今はどうだろう。車内はお年寄りだけではなく、学生服のお嬢さんや、スーツ姿の男女、母子連れ……関東や関西の大手私鉄と同じ客層の人々が、定員の半分くらい乗っている。午後にこんな状態なら、通勤ラッシュ時や競輪開催時はギュウギュウ詰めになるのではないかと思うほどだ。この人たちは、どうして今まで鉄道に乗らなかったのだろう。いや、なぜ今になって鉄道を利用するのだろう。インタビューしたい気分になるけれど、今日はライトレールビジネスの取材に来たわけではない。旅である。旅をしようではないか。

終着駅の岩瀬浜に降りると、すぐにフィーダーバスがやってきた。そのバスと電車を見送って駅にたたずむ。すぐに折り返さなくても、次の電車は一五分後だ。それを乗り過ごしてもまた一五分後だ。以前に訪れたときは、次の列車まで一時間も待つくらいなら、乗ってきた列車で帰ってしまおうと思った。一五分ごとに電車が来ると、旅人の滞在時間が自由になる。ホームの時刻表を見ると、その横に周辺地図と観光案内があった。これも新しい取り組みだ。ＪＲ時代にはなかった。その地図によると、徒歩一分のところに観光施設の岩瀬カナル会館がある。さっそくそこまで行ってみた。

岩瀬カナル会館には土産屋さんと喫茶店とシーフードレストランがあって、私が訪れたときは夕方の閉館間際だった。土産もレストランも私が苦手な海産物が中心だ。案内図によると、旧宿場町や展望台もあるらしい。レンタサイクルがあるというので借りようとしたが、受付は終了していた。秋風が涼しいので、のんびり歩こう。途中の岩瀬橋から運河を渡る電車を撮影して、交番で道順を尋ねる。明治からの街並みを残す大町通りを通り抜ければ、ライトレールの東岩瀬駅に出られるとのこと。

理屈じゃない。便利でカッコイイから電車に乗るんだ

ライトレールは住民のためだけの交通機関ではなかった。ライトレールを基軸にした観光客も巧みにガイドする役割を持っていた。階段しかない展望台をゼイゼイ言いながら上下し、そのふもとの鉄くずの山に考えさせられ、旧屋敷通りの北前船回船問屋で国指定重要文化財の森家を見物する。JR時代は素通りした街を歩いて東岩瀬駅に着くと、そこにはJR時代の駅舎が残っていた。そこでやっと懐かしさを覚えた。

帰りの電車も混んでいた。夕刻のラッシュ時間でもあるけれど、市の中心部へ遊びに行く若い人も多い。盗み聞きしたわけではないが、同窓会か飲み会があるらしかった。飲酒運転するわけにいかないから電車で行くのだ。ライトレールになる前はきっと、タクシーに分乗したり、喫茶店で酔いを覚まして帰ったりしていたのだろうなと思う。電車のおかげで、帰りも仲間と一緒に楽しさの余韻に浸れるのだ。

富山ライトレールはLRT（Light Rail Transit：軽量鉄道交通）の成功例といわれている。自動車交通をLRTに転換することで、二酸化炭素の削減や環境の改善、経済的な生活の基盤、コミュニティの形成が成り立つといわれている。だから、地方自治体や国内外の鉄道関係者の視察も多いそうだ。

しかし私が見る限り、富山ライトレールの成功はそんな理屈ではない。このお客さんたちが電車に乗る理由は、社会や環境といったお題目ではない。かっこ良くて、便利で、安いから乗るのだ。感性で人を動かせば、エコロジーやエコノミーなんて、あとからいくらでもついてくる。

富山駅前の街の灯が近づいてくる。それを眺めながら、私はこの鉄道の有り様に感動していた。鉄道のメリットはいろいろあるけれど、まず、かっこ良くなくちゃダメだ。かわいくなくちゃダメだ。乗ること自体が遊園地みたいに楽しくなくちゃダメなんだ。感動したらお腹が空いた。電車内のモニターにラーメン屋さんの広告が映し出されている。よし、あれを食べて帰ろうっと。

富山ライトレール（富山駅北―岩瀬浜）……200円
富山ライトレール（東岩瀬―富山駅北）……200円

今回の電車賃

400円

※参考
富山ライトレールは1乗車につき200円均一料金
富山まちなか・岩瀬フリーきっぷ……800円
富山ライトレール・富山地方鉄道市内電車などに1日乗り降り自由。

第22鉄

新幹線よりスローでリッチ!?——近鉄アーバンライナー

東海道新幹線といえば誰もが認める日本の大動脈。そのうち名古屋—大阪間で真っ向勝負を挑む列車がある。近鉄特急アーバンライナーだ。

運賃と特急料金を合わせて四一五〇円。所要時間は最速列車で約二時間である。所要時間は新幹線のぞみ号より二倍以上かかるが、きっぷ代は約一五〇〇円も安い。さらにつけ加えるならば、近鉄は名古屋—大阪間の回数券「近鉄名阪まる得きっぷ」を出している。アーバンライナーも使える回数券で、これだとさらに新幹線より安くなる。しかも新幹線回数券と同様、金券ショップに行けばバラ売りでも買えて、さらに安くなる。

たった五〇〇円でハイグレードな座席に乗れる!

近鉄名古屋駅はJR名古屋駅の地下にある。折り返しの線路が五本もある大きなターミナルで、各駅停車、急行、特急が頻繁に発着する。近鉄の特急といえばオレンジ色に紺色の帯。私が子供の頃の絵本には、丸い顔の近鉄ビスタカーが描いてあって、中間の二階建て車両に驚き、憧れたものだった。その頃から近鉄特急のイメージカラーは変わらない。今でもオレンジ色と紺色の、ゲンコツのような顔の特急が走っている。

しかし、五番線に現れた難波行き特急は違う。流線型に白いボディ。細いオレンジ色の帯がかすかに伝統を残しているけれど、ゲンコツ顔より洗練された姿である。この電車は二一〇〇〇系といって、一九八八年に誕生した。近鉄は名阪特急を「アーバンライナー」と名付け、観光列車とは違う、ビジネス特急の新ブランドを作った。都市間輸送というキーワードや、白くて尖った外観から、ドイツ国鉄初のインターシティ用特急電車、四〇三型を連想する。そう、どことなく異国情緒を感じるデザインだ。

そしてもうひとつの特長は、快適なデラックスシートだ。JRでいえばグリーン車に相当し、飛行機でいえばビジネスクラスに相当するアッパークラス。なんと横三列の電動リクライニングシートになっている。窓は大きいし、座席は包み込むような造形で、固過ぎず柔らか過ぎず。柔らかなヘッドレストの横にはLEDの読書灯が埋め込まれた。この配置も絶妙だ。天井からのスポットライトは座席全体を照らしてしまうけれど、このライトは本を読む手元だけに届く。夜の落ち着いた間接照明の演出を妨げない。

こんな豪華な座席に乗るために、必要な料金はたったの五〇〇円である。さすが関西商人の心意気というべきか。某グリーン車が高過ぎるというべきか。アーバンライナーのデラックスシートなら、一時間でも二時間でも長く乗りたくなる。

街から山へ、そして街へ。景色の変化が楽しい！

アーバンライナーは地下の近鉄名古屋駅を出るとすぐに地上に出て、車窓左手に関西本線とあおなみ線が並ぶ。このあたりはＪＲの車両基地や研修工場があって、鉄道好きには興味深い景色だ。あおなみ線が分かれても関西本線と並び続ける。八田の先で離れ、弥富で再び並ぶ。アーバンライナーは通過してしまうけれど、この弥富駅は海抜一〇・九三メートル。地上駅としては日本でもっとも低い駅だ。もっともこれは隣接するＪＲ弥富駅の記録で、「近鉄弥富駅はＪＲよりも低い」という説もあるけれど、近鉄はこの話に興味がないようだ。駅にもそんな表示はない。確かに「最低の駅」とは言いづらいかも。

関西本線と並んだり交差したり。アーバンライナーは快調に走っていく。沿線風景は住宅街だ。そろそろ四日市工業地帯だが、近鉄の線路は内陸部にあるので、駅名を見るまで工業地域とは気づかないかもしれない。関西本線の下をくぐって再び位置が変わり、近鉄が海側になる。このあたりが工業地帯の南端だ。

このあと、日本で一番短い駅名の津を通過すると、アーバンライナーの見どころのひとつ、伊勢中川のデルタ線を通過する。伊勢中川駅は近鉄名古屋線と近鉄大阪線が合流し、伊勢方面の山田線へ接続する駅だ。かつては名古屋と大阪を結ぶ列車は伊勢中川で停車し、進行方向を逆にしていた。それが不便だということで、伊勢中川駅を経由しない連絡線を作った。車窓左側に注目だ。近鉄名古屋線の線路と分かれ、しばらく走ると近鉄大阪線と合流する。それだけのことながら、線路好きにはワクワクする風景である。

近鉄大阪線に入って、しばらく走ると車窓は山の里になる。ゴルフ場をチラ見すると山岳地帯に突入し、トンネルをいくつか通り抜ける。このうちもっとも長いトンネルは新青山トンネルの全長五六二五メートル。大手私鉄で最長距離だ。トンネルを出ると名張盆地、また山を越えて大和盆地。

民間企業がよくぞこんな長い線路を敷いたと思う。近鉄大阪線の前身は参宮急行電鉄である。奈良の桜井から山を越えて三重の海岸まで線路を敷いて、大阪・奈良から伊勢神宮を直結しようとしたわけだ。国鉄経由は遠回りだったから勝算ありと判断したのだろう。

大和盆地から大阪平野に入ればゴールはあとすこし。大阪線の列車の運行本数も増えてきて、アーバンライナーが各駅停車や急行を追い越すシーンをいくつも見られる。景色は住宅ばかりで飽きる。しかし線路好きや時刻表好きには、列車の追い越しがとてもうれしい。

布施駅では近鉄奈良線と近鉄大阪線が合流する。高架の線路同士が上下左右に絡むようで、見応えのある風景だ。ノンストップ列車に乗ったなら、やっと停車する鶴橋駅で思わずため息。名古屋から走り続けたアーバンライナーをねぎらいたくなる。上本町からは地下に潜って日本橋、そして難波に到着だ。

名古屋から大阪難波まで、ゴージャスなシートで駅弁を食べつつ、変化に富んだ景色を楽しむ。これが新幹線よりスローでリッチな「アーバンライナー」の旅である。お金を使うより時間を使うほうが贅沢じゃ、あ〜りませんか。おっと、関西ノリになってきた。

終着駅の大阪難波といえば「なんばグランド花月」、花月といえば大阪の文化の中心だ。新幹線だと地下鉄乗り換えが必須だが、アーバンライナーなら直接大阪の中心に到着する。これも人気の理由だろう。

近畿日本鉄道（近鉄名古屋—大阪難波）
……2300円
近畿日本鉄道（特急料金）……1850円
近畿日本鉄道（DXシート料金）……500円

今回の電車賃
4650円

第23鉄

流氷を追って知床へ。ダルマストーブ列車でオホーツク海岸の旅

冬の北日本は雪だらけ。どこもかしこも同じ景色と思ったら大間違い。北海道のオホーツク沿岸は、二月中旬から三月初旬まで流氷の季節だという。JR北海道も、このときしか見られない景色のために、観光列車を仕立てて盛り上げている。札幌と網走を結ぶ観光列車「流氷特急オホーツクの風」、網走と知床斜里を結ぶ「流氷ノロッコ号」だ。今回は流氷を見たい一心で、札幌から北を目指した。

パノラマ車窓が楽しい「流氷特急オホーツクの風」

日本列島の中で、北海道は独特の景色を持っている。それは大陸感だ。広大な大地、三六〇度の地平線。点在する都市と散在する農村、そのほかは手つかずの大自然である。本州以南に住む人にとって、これは異国情緒に近い。そんな北海道に君臨する鉄道は、まさに大陸横断鉄道の趣である。荒涼とした風景に単線の線路、そこをディーゼル特急が駆け

抜ける。収穫の秋にはタマネギやジャガイモを載せた長大な貨物列車が仕立てられる。

北海道の中心都市、札幌からは、稚内《わっかない》、網走《あばしり》、釧路《くしろ》、函館の各方面へ長距離特急が出発する。今回乗車する列車は網走行きの「流氷特急オホーツクの風」だ。網走方面には定期列車の特急「オホーツク」が二往復設定されており、こちらはどちらかというとビジネス特急の雰囲気だ。しかし「流氷特急オホーツクの風」は違う。車両はJR北海道ご自慢のリゾート車両「ノースレインボーエクスプレス」を使用。五両編成のうち中央が二階建て車両。前後二両は高い位置に席があるハイデッカータイプ。ハイデッカーといっても鉄道車両のサイズだから、バスよりずっと視点が高い。しかも、先頭車は運転室との仕切りがなく、大きな窓から前面展望を楽しめる。北海道ならで

札幌駅で出発を待つ「流氷特急オホーツクの風」

はの車窓を満喫できる列車だ。

「流氷特急オホーツクの風」は一年中走っている列車ではない。流氷の時期、一月下旬から三月上旬まで運行する。札幌発は〇七時五五分、終点の網走着は一三時二一分。途中の停車駅は岩見沢・美唄・砂川・滝川・深川・旭川・上川・丸瀬布《まるせっぷ》・遠軽・生田原・留辺蘂《るべしべ》・北見・美幌・女満別。なんと、約五時間半もの旅である。

五時間以上も列車の中、しかもずっと雪景色が続く。しかし車窓は旅人を飽きさせない。札幌から江別までの市街地は、雪国らしい煙突付きの建物が並ぶ。街の景色は生活感がにじみ出てしまうものだけれど、雪はそれらをすべて隠す。その先は田畑であろうか、今は大雪原になっている。まぶしいくらいの白、そして青空。

車内に吊るされたテレビモニターは、運転席からの景色を見せてくれる。これもまた楽しい。岩見沢で再びいろいろな形の建物が現れて、街を出るとまた大雪原。石狩平野が終わる頃、右手は夕張山地、左手は増毛山地を望める。旭川から先、新旭川で石北本線に入ると線路は単線に。山岳路線さながらの険しい行路となった。緑の枝葉に雪を載せた、クリスマスツリーを並べたような森をいくつも通り抜ける。

札幌では半分くらいの席が空いていたが、旭川からたくさんのお客さんが乗り込んだ。前日に旭山動物園、翌日に流氷観光というコースを選ぶ人たちだろうか。遠軽で列車は方向転換していったん南へ。山道を降り続けて留辺蘂で東へ向きを変える。

車内モニターでは山岳部分の走行中に映画タイムが始まる。お客さんが雪景色に飽きただろうというJR北海道の配慮かもしれない。しかし景色は変化に富んでいて、いつでもレンタルできるビデオを眺めるなんてもったいないと思う。

車窓の締めくくりは左手に広がる網走湖。この時期は四〇センチメートルもの厚い氷で覆われる。その氷の上には赤や緑のテントが点在。ワカサギ釣りや氷上スポーツを楽しむ人で賑わっていた。「流氷特急オホーツクの風」は、要所で車窓案内の放送がある。聞き逃さず、車窓に注目しよう。

最低気温マイナス一三度の「暖かい網走」。流氷は遠かった……

網走駅からはバスで約一〇分の流氷砕氷船乗り場へ。ここは「道の駅流氷街道網走」でもある。網走流氷観光砕氷船おーろら号は、流氷の時期に合わせて、一月は一日四便、二月と三月は五便の運航だ。さらに二月上旬から三月下旬まで「サンセットクルーズ」という第六便が出る。夕陽に赤く輝く流氷を眺められ、日没後は船から投光して光のライトアップも楽しめるという。この第六便を希望していたけれど、あいにく「流氷がない」とのことで欠航。代わりに乗った一五時三〇分発の第五便も「今日は流氷がないので湾内遊覧ですがよろしいですか」と念を押された。料金も若干の値引きとなった。

「せっかく来たのに流氷はないンだ」とガッカリしていた。ところが船室から海面をよく見ると、ポツン、ポツンと薄い氷が。寒い甲板に出て船員さんに尋ねれば、まさしくそれは流氷だという。「前の便も氷のあるところに行ったンだ。だから今回も見られるはず」とのこと。そのうちに氷の数が増え、大きさや厚みも増していった。でも、最初はクラゲが浮く海のようだった。でも、これだけ氷があれば「流氷初心者」の私にはうれしい。観光ポスターのような景色ではなかったものの、ここまで来なければ見られない景色を眺められた。

流氷観光船で沖合へ。流氷に到達

この日は網走駅前のビジネスホテル泊。翌朝は始発列車で出発するから。そしてもうひとつ。有名な「ザンギ」の店まで徒歩で行けるから。ザンギとは、北海道流の鶏のから揚げのこと。片栗粉の衣にいろいろなタレの味を染み込ませてある。外はカリッとして、引き締まった肉を噛みしめると肉汁がジュワッと出てくるという。

網走のお店の名前は「なると」。四国は鳴門出身の創業者が小樽で始めた店で、網走店はそこで修業した店主がのれんを分けてもらったそうだ。メニューはザンギと鶏の半身揚げだけ。テイクアウトのみ。マイナス一〇度の街だから、この店の近くに泊まりたかった。荷物を置いてホテルを出た。さらさらした雪を踏みしめるとキュッと音が鳴る。その音を聞きながら店まで往復し、部屋で熱々のザンギをほおばった。満足。

流氷を追って知床へ。「流氷ノロッコ号」で戻る

翌朝、釧網《せんもう》本線の始発列車に乗って知床斜里駅へ。お目当ては「流氷ノロッコ号」だ。流氷シーズンに網走と知床斜里を二往復する。網走発の便で行くなら一〇時二五分発の便がある。しかし今回は普通列車で知床斜里へ迎えに行って、知床斜里駅を〇八時五六分に発車する列車で戻る行程にした。ただし網走へは戻らず、北浜駅で降りてまた折り返し、釧路行きの快速に乗る。ややこしいが、こうすると北浜駅を見物できて、知床斜里駅の先、標茶《しべちゃ》駅から釧路行きの「ＳＬ冬の湿原号」に乗り継げる。流氷ノロッコ号がもっと早く網走を出発してくれたら、途中で二回も折り返さずに乗り継げるのに。チョッピリ悔しい。

雪国の始発列車は楽しい。運転席の後ろから前方を眺めれば、線路が雪に埋もれている。まるで線路がない雪の道を走っているようだ。

釧網本線の車窓左手はオホーツク海が見え隠れする。この区間はノロッコ号でもう一度見るから予習のつもりで眺めた。どのあたりで海が見えるか、左と右の車窓のどっちがいいか。ぼんやりと眺めた結果、海側の車窓は、網走寄りで海の見える部分がちょっとだけ。北浜付近で海が広がって、それ以外は樹木や小さな丘で遮られてしまう。反対側の車窓がいい。雪に覆われた原生花園が広がって、運が良ければ渡り鳥を見られるという。

「流氷ノロッコ号」はディーゼル機関車が牽引する客車列車だ。室内はトロッコ車両風の木製ベンチが並び、海側に窓を向いた二人掛けベンチ。反対側に向かい合わせの三人掛け

オホーツク沿岸を行く「流氷ノロッコ号」

ベンチとテーブルが配置されている。車両の隅にはダルマストーブも設置されていた。ストーブ列車というと津軽鉄道が有名だが、こちらはその北海道版。かつては吹きさらしのトロッコ客車で運行されていたため、寒さ我慢大会のようなシバレ体験列車だったという。ご安心を。今の客車は改良されて、ちゃんと窓ガラスが入っている。

知床斜里駅まで観光バスでやってきたお客さんを乗せて、流氷ノロッコ号は走り出した。知床斜里から網走への車窓、海はさっきよりも氷が増えていた。流氷は風任せで、海上の風の強い日は景色が刻々と変わっていくという。さっきより流氷が増えて、海岸線が曖昧になっている。海が丘に遮られてしばらくすると、前方から歓声が起きてこちらに伝播《でんぱ》した。列車のすぐそばにキタキツネがいた。二匹。夫婦だろうか。

流氷ノロッコ号の車内。木製のベンチ、大きな窓、ダルマストーブが特徴

知床斜里から五〇分、北浜駅で降りた。線路一本、ホームひとつの無人駅だ。駅舎は喫茶店になっているけれど本日は休業とのこと。北浜駅はオホーツク海にもっとも近い駅として観光名所になっていて、ドラマや映画にもたびたび登場しているそうだ。特に二〇〇八年に中国で製作、公開された映画『非誠勿擾《フェイチエンウーラオ》』は、北浜駅ほか道東地域でロケした作品だ。中国では歴代興行成績一位。日本でも『狙った恋の落とし方。』の名前で公開された。

なるほど、それで中国語を話すお客さんが多いのだ。昨日の流氷特急も今日の流氷ノロッコも楽しそうな中国人グループがいた。北海道の流氷は国際的な観光スポットになっているようだ。駅の案内看板も中国語とハングルを併記していた。

流氷ノロッコ号は北浜駅でしばらく停車

する。駅舎の隣には丸太で組まれた展望台があって、そこから知床半島やオホーツク海を望める。海は薄氷で埋め尽くされており、その向こう、水平線近くには真っ白な帯。あれがきっと流氷の本隊だ。展望台は記念写真を撮る人々で賑わい、その後、ノロッコ乗務員の案内で列車に戻っていった。私は釧路行きを待つために北浜駅に残る。無人駅に静寂が戻った。展望台からの景色を独り占めし、しばらく流氷のパノラマを楽しんだ。

今回の電車賃

10770円
+3300円

JR北海道（札幌―網走）……6610円
JR北海道（特急料金）……2520円
JR北海道（網走―知床斜里）……810円
JR北海道（知床斜里―北浜）……530円
JR北海道（流氷ノロッコ号指定席券）……300円

網走流氷観光砕氷船おーろら……3300円

※参考
JR北海道（北海道フリーパス）……25500円
　JR北海道の特急・急行を含む普通車自由席に7日間乗り降り自由、指定席も6回まで使用可能。年末年始、お盆、5月の連休は利用不可。
JR北海道（三連休おでかけパス）……18000円
　9月から3月までの3連休で、JR北海道の特急・急行を含む普通車自由席に乗り降り自由、指定席も4回まで使用可能。

第24鉄

特急料金一〇〇円、長野電鉄のロマンスカーで小布施へ

長野電鉄は長野駅から善光寺を経由して温泉地の湯田中を結ぶ長野線を運行している。路線距離は三三・二キロメートルで、地方鉄道としては中堅どころ。長野駅付近で通勤通学需要に応えつつ、観光にも力を入れている。長野電鉄は古くからリゾート開発に熱心で、志賀高原スキー場を手がけ、日本有数の規模にした会社でもある。

その長野電鉄でロマンスカーが走っている。あの展望車付きのロマンスカーだ。二〇〇五年に小田急電鉄から無償で譲渡され、編成の短縮化などの対応工事を経て、二〇〇六年から走り出した。長野電鉄でも有料特急の扱いだが、特急料金はたったの一〇〇円。観光客だけではなく、地元の子供たちにも大人気。遊園地の遊具のように楽しまれている。

並べば先頭の展望車に乗れる

ロマンスカーゆけむり号が走る路線は長野線だ。本家の小田急ロマンスカーではなかな

か取れない展望席も、こちらなら全席自由席。早めに並べば先頭の展望席を確保できる。展望席以外の座席はハイデッカータイプだから、中間車からの眺望も良好だ。

長野電鉄の特急用車両はロマンスカーと、JR東日本から移籍した旧成田エクスプレスの電車、愛称スノーモンキーの二種類がある。どちらの車両を使うかは長野電鉄のWebサイトで公開されている。出かける前に確認しておこう。

それから、小田急時代に装備されていたトイレはゆけむり号にはない。終点までの所要時間は約四五分。心配な人は駅で済ませておきたい。

地元の小さな名ガイドと盛り上がる

長野電鉄の長野駅は、JR長野駅前広場の地下にある。コンクリートに囲まれ、コインロッカーが並ぶ待合スペースは寒々しいけれど、地下は雪の季節にはありがたい。鰹《かつお》だしの良い香りが漂っていて、片隅に立ち食いそば屋がある。ここで体を温めていこう。

ホームで並んで先頭車の展望席を確保した。振り向けば後ろの座席は子供連れが多くて、オジサンはちょっと恥ずかしい。二人掛けの最前列は私だけ。後ろの席の小学生男子が隣の席を気にしていたので、遠慮されたけど無理やり誘った。付き添いのおばあさんによると、今日は両親と祖父母宅に遊びに来たそうで、長野駅までおじいちゃんのクルマで来た。おじいちゃんは先回りして終点で待っているそうだ。ロマンスカーが大好きで、遊びに来るたびに電車に乗りにくるという。

　長野市近郊には遊園地がないので、地元の子供たちにとってはロマンスカーが遊園地代わりになっているのかもしれない。発車までに子供の数が増えてきて賑やかになってきた。なるほど、展望車は最高の遊具。落ち着いて温泉に行きたいお客さんは中間車へ。そんなすみ分けができているらしい。

　賑やかな展望車は、子供の扱いに慣れた人なら二倍楽しめるはず。地元の子供たちと仲良くなれば、勝手に景色を解説してくれるからだ。「もうすぐ地上に出るよ」「もうすぐ単線になるよ」「鉄橋があるよ」。タダでガイドしてもらっちゃってうれしいな。チップ代わりにアメでも持ってくればよかった。「次の駅には車庫があるんだ」「ほんとだ！　電車がいっぱいだ！」。……もう、どっちが子供か分からなくなってきた。

小田急のロマンスカーが長野の温泉町を走る

りんご畑を過ぎて山麓へ

単線区間に進んでしばらく走ると、ゆけむり号は千曲川を渡る。大きな橋は「村山橋」といい、鉄道ファンにはちょっとした名所。同じ橋に道路と線路が同居する。双方がぴったりくっついているので、歩道からの電車の眺めは大迫力。のんびり歩いてみたい橋だ。

須坂駅は二〇一二年まで屋代線が分岐していた。長野電鉄の要衝である。小さなガイドさんが教えてくれたように車庫があり、ゆけむり号同士がすれ違う。電車好きなら幸せな気持ちになれる駅だ。長野電鉄の電車はほかにも、東急電鉄から譲渡された八五〇〇系と、営団地下鉄日比谷線で活躍した三〇〇〇系が各駅停車用として活躍している。

ロマンスカーゆけむり号は和菓子の老舗が並ぶ街、小布施にも停車する。ここには古い車両を保存展示するコーナーがある。でも古すぎてちびっ子ガイドさんは興味がないらしい。まあいいか、帰りにゆっくり散歩しよう。栗おこわも食べたいし。

終点の湯田中に近づくにつれ、前方に見事な形の山が見えてきた。小さな女の子を連れたおじいさんが「高社山だよ」と教えてくれた。「登ってみたくなる形ですね」と言うと、「誰でも登れる。頂上までリフトがあるでね」とのこと。なるほど。

帰りは各駅停車で途中下車の旅

湯田中の街を散策し、帰りに小布施駅に寄ってみた。構内の「ながでん電車の広場」の電気機関車や電車を見物する。この日は各車両の扉が開いていたので、車内にも入れた。

五〇二号電気機関車は昭和二年に日立製作所で作られた。当時はりんごや木材などの貨物輸送の主力で、なんと半世紀にわたって活躍したという。扉は小さく、通路は狭い。通り抜けたかったけれど、メタボ体型の私には無理。昭和ヒトケタ世代の体格って小さかったんだなあ。いや私がムダに大きいのか。

隣の電車はもっと古くて大正二年製。こちらも五五年にわたって活躍したが、長野駅周辺を地下化したとき、防災基準に適合しなかったため廃車となった。形式名は「デハニ二〇〇」。デは電車、ハは三等車、ニは荷物車を示す。室内は三分の一ほどを壁で仕切り、客室と荷物室が作られた。座席の表面がささくれて痛々しいけれど、壁などはきれいに塗られている。電車の運転台が狭く、私の太い足は入らない。

その奥にある電車は昭和二四年製の「モハ一〇〇〇」。こちらはすこし大柄だ。昔の運輸省が定めた規格に沿って作られたため、全国で似たような電車が走っていたという。

暖かい店内で冷たい栗ソフトクリームをいただく

さて、小布施といえば栗の街。栗菓子や栗おこわが名物だ。駅前の道をまっすぐ歩くと国道に突き当たり、さらに右へとひたすら歩く。やがて古い街並みが見えてくる。

小布施堂、竹風堂、桜井甘精堂など、有名な栗菓子の店が軒を連ねる。栗おこわを注文すると、ちょっと待ってねと言われ、炊きたてを包んでくれた。うれしくなって鹿の子なども買ってみた。見ると、栗を使ったソフトクリームもある。これは珍しい。外はまだ寒いが、早足で歩いてきたから身体が熱い。思わず注文し、栗おこわを待つ間にいただいた。

廃線・屋代線の思い出

この旅では、当時はまだ廃止されていなかった屋代線に乗った。屋代線は須坂から屋代まで千曲川《ちくま》に沿うルートで、屋代駅でしなの鉄道に接続した。金井山駅付近を散歩すると千曲川の風景が眺められた。この付近は武田信玄と上杉謙信が戦った川中島合戦場である。川中島の合戦は一二年間にわたり五回の衝突があって、金井山付近は第四次合戦の激戦地だったところ。武田信玄の軍師として有名な、山本勘助の墓もあるそうだ。

車窓からは「エノキダケ発祥の地」の看板も見えた。鍋料理に入れると出汁が染み込んでうまい、そして歯の間に挟まるとやっかいなアレだ。発祥の地と書いてあるが、エノキダケは自然にもともとあったもの。この発祥は「初めて栽培に成功し、量産したところ」という意味だ。象山口駅は珍しい名前だが、太平洋戦争に詳しい人ならピンと来るはず。

象山は戦時中に松代大本営を作ろうとしたところである。天皇陛下や軍の中枢機能を疎開させるため、ここに広大な地下壕が作られた。現在はその一部が公開されているという。

ロマンスカーが走る長野線に比べると、屋代線は地味な生活路線。しかも乗客数が減少傾向で赤字が拡大している。長野電鉄は二〇〇九年二月、沿線自治体に支援を要請した。国の地方交通支援制度も活用したい考えだ。どちらもかなわなければ廃止もやむなしという、かなり心配な状況だったけれど、二〇一二年に廃止された。

沿線の人々の利用促進も必要だが、沿線の観光資源を生かすために、屋代線にもロマンスカーを走らせてあげたかった。いっそ、屋代からしなの鉄道に乗り入れて、軽井沢まで走らせてみたかった。小田急からあとふたつロマンスカーを譲り受けて、軽井沢発、屋代経由、湯田中温泉行きにする。これなら新幹線のスピードとは違う魅力で対抗できるのではないか――鉄道ファンとしてはそんな妄想も楽しい。ＪＲに遠慮せず、並行在来線に速達列車を走らせたっていいじゃないか。

長野電鉄（長電フリー乗車券）……2260円
長野電鉄全線が2日間乗り降り自由。
長野電鉄（特急券）……100円
特急券は1乗車につき100円。自由席。

今回の電車賃
2360円

第25鉄

個室じゃなくても楽しいよ！豪華寝台特急トワイライトエクスプレス

鉄道ファンのみならず、旅好きな人の憧れの列車といえば、カシオペア、北斗星、そしてトワイライトエクスプレスだろう。いずれも日本を代表する豪華寝台特急だ。これらの列車の共通点は食堂車を連結し、ロビーカーを備え、個室寝台を連結するところ。そしてもうひとつ、「人気が高くてチケットを取りにくい」という特徴もある。今回は三つの列車の中でもっとも走行時間が長いトワイライトエクスプレスの旅をご紹介する。

トワイライトエクスプレスは、大阪と札幌を結ぶ寝台特急だ。走行距離は約一四九五キロメートル。所要時間は約二二時間。ほぼ一日を列車内で過ごすと聞くと、「それは退屈かもしれない」と心配になるかもしれない。トワイライトエクスプレスは「目的地に早く着いて、現地でのんびり滞在し、ギリギリまで過ごして急いで帰る」旅とは対極にある。

トワイライトエクスプレスに乗ってみれば分かる。「現代の贅沢は、お金を使うことではなくて、時間を使うことなンだ」と。

大阪発は真昼。非日常の旅にふさわしい出発風景

商都・大阪。私にとって大阪のイメージは「元気な商売人がバリバリ活躍し、モリモリ食べる街」。偏見かもしれないけれど、東京より生活のテンポが速い気がする。大阪駅は、まさしくそのイメージ通り。大阪環状線が次々と発着し、複々線の東海道本線を新快速が駆け抜ける。特急用ホームも、西は山陰、東は北陸への列車が忙しく入れ替わる。

その大阪駅の特急用ホームには、凪《なぎ》のように落ち着いた時間がある。お昼に差し掛かる頃、深緑の客車を連ねて、同系色にコーディネートされた機関車がやってくる。トワイライトエクスプレスの発車時刻は一一時五〇分。夜行列車にもかかわらず、大阪駅を出発するのは真昼。ここからして非日常的な列車である。

トワイライトエクスプレスは機関車を除き一〇両編成。機関車の直後は電源専用車。大きなディーゼル発電機を搭載して、客車の明かりや食堂車の調理器などに電力を供給する、そのためだけの車両である。騒音の発生源を隔離したおかげで、トワイライトエクスプレスの客室は普通の電車よりもずっと静かだ。「寝台列車は静かであるべき」という、設計者の気持ちが込められている。この静けさも贅沢を感じさせる要素のひとつ。

電源車の後ろはB寝台車。向かい合わせの二段ベッドが並ぶ「Bコンパート」。いわばエコノミークラスだ。B寝台は北斗星（上野―札幌）やあけぼの（上野―青森）にもあるけれど、トワイライトエクスプレスは通路との仕切りに扉があり、さらに静かに過ごせる。

大阪と札幌を約22時間で結ぶ「トワイライトエクスプレス」

四人分をグループで予約すると施錠もできて、四人用個室になるというわけだ。
その後ろは個室中心の車両になる。「シングルツイン」は一人用。しかし補助ベッドを使って二人部屋にもなる。そして二人用個室の「ツイン」。
大きな窓の車両は展望サロンカー「サロンデュノール」。その隣に食堂車「ダイナープレヤデス」がある。ホームの中央では鋼鉄の大きな台車にダンボールが山積みになっていた。荷物の山は食材だ。乗客たちの三食を賄う量は壮観。長旅の気分を盛り上げる光景だ。
その後ろの一、二号車は最高クラスのA寝台。一人用個室「ロイヤル」と二人用個室「スイート」。最後尾の一号車には憧れの展望スイートルーム。各車両ともスイート一室とロイヤル四室。つまり乗車定員はたった六名。ロイヤルにエキストラベッドをつけて二名で利用したとしても、乗車定員は一〇名という贅沢な空間だ。通勤電車なら三〇〇人以上も詰め込める空間に一〇人。なんとおおらかな空間だろうか。そのぶん部屋代も高額だけれど、バス、トイレ付き、食事もルームサービスが可能。誰もが憧れる部屋だ。

日本で唯一「食堂車のランチタイム」へ

今回、私と友人はB寝台「Bコンパート」だった。これも「できればスイート、せめて個室」と、友人が駅に日参して粘り、やっと入手できた貴重なきっぷ。祝日絡みの運行日の予約は厳しい。「この日に休んで行こう」ではなく、「きっぷを取れた日に休もう」という気持ちで臨まないといけないようだ。

しかし、トワイライトエクスプレスのお楽しみは個室だけではない。B寝台の旅でも十分に楽しめる。なぜなら、この列車には居心地のよい共有スペースがあるからだ。食堂車の隣のロビーカーは、天井に届く大きな窓で流れいく景色を楽しめる。荷物を寝台に片付けたらロビーカーで過ごそう。この車両は日本海の夕陽を眺めるというコンセプトで、日本海側の座席は窓に向いた二人掛けが並ぶ。通路を隔てた反対側はファミリーレストランのグループ席のようなソファ。こちらは日本海をよく見えるようにと、高い位置になっている。オススメはこちらの高い席。車窓右側の琵琶湖が見えるからだ。

B寝台車は二段ベッドが向かい合わせ。4人で使えば個室になる

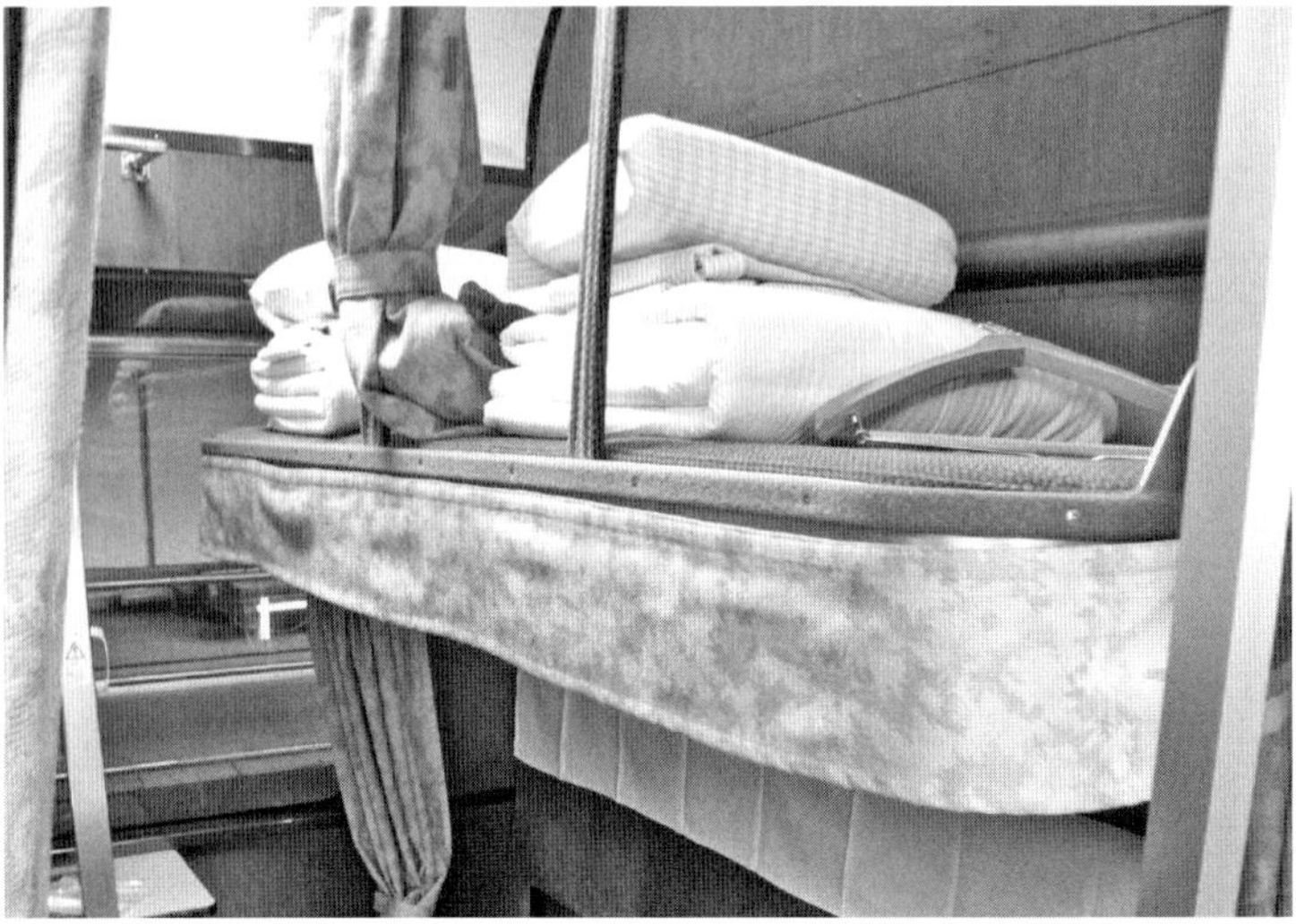

食堂車からのアナウンス。ランチタイムの始まりだ。札幌行きのトワイライトエクスプレスの食堂車はランチタイムから始まる。札幌発大阪行きのトワイライトエクスプレスは出発時刻がすこし遅いため、ランチタイムがなく、代わりにティータイムになっている。

ちょっと待たされて、私たちがテーブルに案内されたのは琵琶湖を通り過ぎ、峠を越えて福井県に入る頃だった。お目当てのハンバーグセットは売り切れていたが、ビーフカレーに舌鼓を打つ。明るい車窓を眺めつつ、単品のサラダをシェアして、食後のコーヒーをゆっくり味わう。メニューはオフィス街の喫茶店と変わらない気がするけれど、緑豊かな動く景色を眺めていると、なんとも贅沢な気分になってくる。

緊急避難（?）以外はずっとサロンカーで過ごす

食後もサロンカーに空席を見つけたので、寝台に戻らずにたたずんでいた。独り占めせずに譲り合って使いましょう、という空間だが、意外に空いている。個室のお客さんは個室で自分の時間を楽しむ人が多いようだ。午後の陽射しが遠くに傾いていき、西日を浴び、やがて暮れていく。まさにトワイライトな時間がやってくる。私が乗ったときはまだ日が短くて、富山あたりで暗くなってしまった。真夏なら、きっと親不知子不知の海岸線や笹川流れあたりの夕陽を眺められるだろう。オススメは真夏の札幌行き。というのも、このあたり、逆方向の大阪行き列車はほとんどトンネルに入ってしまうからだ。北陸本線は、もともと海沿いに単線で作られ、かなり時間がたってから複線にした。その間に土木技術が進歩したので、新しいほうの線路はどんどんトンネルを掘った。スピードは上がったけれど、景色は犠牲になってしまった。

日が暮れたらディナータイム。食堂車は予約制になっている。そして私たちは予約しなかった。なぜなら私が偏食で、魚嫌いだから。トワイライトエクスプレスは日本海側を走るだけに、メニューは海の幸が中心らしい。しかもコース料金が一万二〇〇〇円。もちろん日本の食堂車メニューの最高金額だ。

「僕たち中年だけど、まだまだ質より量なんだよね」というわけで、晩ご飯は大阪駅で仕入れておいた神戸牛ステーキ弁当とカツサンドにした。これをロビーで食べようとしたら、なんとここからロビーが大混雑。食堂車から個室客向けにルームサービスされる懐石弁当を、ロビーで楽しむ人がたくさんいらっしゃる。複数の個室を利用するグループ客が、食事だけは一緒に食べようということらしい。魚料理の匂いが強くなってきて、たまらずにB寝台に避難した。

ここで初めて、相席となったお客さんと挨拶。おばあちゃんと小学生のお孫さんで、寝台車で北海道へ行くという。パパとママは明日の飛行機で現地入りとのこと。しばらくおしゃべりしつつ、寝台で荷物の整理。そしてグダーッと横になって過ごす。背を伸ばして、腕を伸ばして……ああ、気持ちいい。うっかり眠ってしまいそうだ。しかし時間を見はからい、弁当持参でサロンカーへ。

夕食を済ませると景色は真っ暗。食堂車

誰でも使えるサロンカー。
天井まで回り込んだ窓から景色を楽しめる

はパブタイムに移り混雑していた。じゃあ、寝ちゃおう、というわけで寝台へ。寝台車の旅なのだから寝なくては損だ。二一時頃には眠りについて、そのおかげで四時に目覚めた。気合いの早起きではなく、たっぷり眠った四時起きは、実に清々しい気分。眠っている間に列車は青函トンネルをくぐり抜け、北海道を走っていた。ささっと着替えて、またまたサロンカーへ。朝早いため、私のほかに二人しかいなかった。

食堂車の朝食。温かい味噌汁とツヤツヤご飯がうれしい

本州とは違う、ゆったりとした風景を眺めているとお腹が空いてきた。もうすぐ六時三〇分。食堂車の朝食を予約した時刻だ。ディナータイムは乗車前に予約が必要だけど、朝食は乗車後、前夜のうちに車内で予約するシステムになっている。個室客が優先らしいけど、空席があると、スタッフがB寝台にも要望を聞きに来てくれた。時刻の選択肢は限られており、かなり早い時間になってしまったのだが、これが大正解。ちょうど列車が大沼国定公園を通過し、内浦湾沿いを走る時間帯だった。

大地に威容を示す駒ヶ岳を眺めながらの朝食。温かいご飯と味噌汁がうれしい。おかずは旅館の朝のよう。漬物、焼き魚、海苔、温泉卵。私は生魚と甲殻類は受けつけないのだが、焼き魚なら大丈夫。むしろ好物。朝から列車の中で温かい食事をいただき、お腹いっぱいだ。慌ただしい日常から抜け出して、頭を空っぽにして景色を眺め、うまい飯を食う。

なんというご褒美だろう。一年に一度くらいは、こんなご褒美があってもいい。

朝食後ももちろんサロンカーで過ごす。相変わらずサロンカーはガラガラの貸し切り状態。洞爺湖、室蘭あたりで降りたお客さんも多く、札幌に近づくにつれて、お客さんはそれぞれ自分の空間を楽しんでいるらしい。結局、B寝台は寝るためだけの場所になった。

個室じゃなくても充分に楽しい「トワイライトエクスプレス」の旅。でもやっぱり、次回は個室を利用してみたい。きっと今回とは違った趣を楽しめることだろう。

トワイライトエクスプレス（大阪―札幌）
……16170円
トワイライトエクスプレス（特急料金）
……3150円
トワイライトエクスプレス（B寝台料金）
……6300円

今回の電車賃

25620円

※参考
スイートルーム寝台料金（2名分）……50980円
ロイヤルルーム寝台料金（1名分）……17180円
ツイン寝台料金（2名分）……16320円
シングルツイン寝台料金（1名分）……9170円

第26鉄

雪国の美女とダイヤモンドダスト——ローカル線・米坂線

東京に雪が降った。雪の少ない地域に住んでいると、ほんのわずかな積雪にも心が躍る。テレビニュースは豪雪の被害を伝えているのになんだか申し訳ない気もするけれど、私を含め雪を愛でる関東人は多い。そして雪国の列車の旅も楽しい。車窓は白く清く、自分の心の雑念さえ隠してくれるようだ。

真っ白な景色に心を浄化してもらおうと、わざわざ雪の降る街へ列車で出かける。その中でも、もっとも印象深かった旅は、二〇〇七年の米坂《よねさか》線だった。生まれて初めてダイヤモンドダストを見て、ちょっとした出会いがあった。

新宿発二三時〇九分、新潟行き「ムーンライトえちご」

旅の目的は、山形と仙台付近のローカル線めぐりだった。しかし私は方向違いの新潟行き臨時夜行快速、ムーンライトえちごに乗った。遠回りした理由は、米坂線に乗りたかったからだ。米坂線は新潟県の海沿いの街である坂町と山形県の米沢を結ぶローカル線で、距離は九〇・七キロメートル。ローカル線としては長い。関東に住む者にとっては無縁のルートだ。朝日山地と飯豊山地に挟まれた、かなり雪の深そうな路線だと予想する。山形盆地に入る前に、米坂線でたっぷりと雪の車窓を楽しもう、という趣向だ。

東京から新潟のローカル線めぐりをするなら、ムーンライトえちごは都合の良い列車である。新宿発は一日の終わりの二三時過ぎ。早朝の五時前に新潟に着き、新潟エリアの一番列車に接続する。使用する車両は旧国鉄の特急型で乗り心地もよく、リクライニングシートを倒せばよく眠れる。ムーンライトえちごは新宿を出ると、湘南新宿ラインと同じルートで東北本線に合流した。私は大宮に着く前に眠ってしまった。

トンネルを抜けると雪国だった……かどうかは定かではない。目覚めたときに新津駅の駅名標を見た。まだ真っ暗だった。

銀河鉄道のような夜明けの風景を楽しむ

新潟駅に到着すると、わずか三分で始発列車、村上行きに接続する。まるで「ムーンライトえちご」を待っていたかのようなグッドタイミング。ただし、新潟駅到着時に居眠りしていると乗り遅れそうだから、ここはちょっと緊張するところ。新潟駅のひとつ手前の新津で目覚めたら、そこからは絶対に寝ちゃだめだ。

快速村上行きは、なんと六両編成という長い電車だった。この時間帯の乗客数では明らかにオーバースペックだ。こんなときは時刻表をめくって推理遊びをしてみる。この列車の村上着は〇五時五〇分。折り返し新潟方面の発車時刻は〇六時一七分。だけど、次の六時五二分発と七時二六分発は、対応する到着列車がない。ということは、村上駅で六両編成を二両編成×三に分割して、それぞれの列車に充当させるのではないか。窓の外が真っ暗でも、時刻表を持っていればこんな遊びもできる。ちなみにこの予想は外れで、のちに坂町駅で六両の新潟行き列車を見かけた。新潟方面の通勤通学需要が大きいらしい。

真っ暗な景色にも見どころがある。新潟駅発車から七分で豊栄駅に到着するとき、運転台の後ろから前方を展望しよう。豊栄駅は二〇〇六年に橋上駅舎に建て替えられて、ガラス張りのオシャレな建物になった。夜間は駅舎や階段がギラギラと輝いている。そんな建物が、真っ暗な空間の向こうから光点として現れて、やがて視界全体に浮かび上がる。まるで銀河鉄道の列車が宇宙ステーションに進入するような景色だ。

坂町駅到着は〇五時三四分。米坂線の列車は〇七時一七分発。約二時間もある。しかし周囲は暗いし、この時間は店も開いていない。二月の寒い朝、まだ暖まっていない待合室で過ごすしかない。ジュースの自動販売機は稼働していたから、缶コーヒーをふたつ買って、左右の手で握ってカイロの代わりにした。

この間も羽越本線の列車の発着があって、その列車へ家族を乗せるためのクルマがやってくる。そんな風景を見ているうちに夜が明けてくる。真っ暗な空がインクブルーになり、闇に沈んでいた建物の輪郭が現れて、街路を見通せるようになった。

小国街道を行く

米坂線は小国街道に沿っている。小国街道は江戸時代に整備された街道で、越後からは干物など海産加工品や塩が運ばれ、米沢からはちりめんの原料となる植物、アオソが運ばれたという。テレビドラマで黄門様が名乗る「越後のちりめん問屋」は、新潟周辺だけではなく、米沢、山形からも原料を調達していたそうだ。

米坂線は山形盆地を拠点として、日本海と太平洋を結ぶルートの一部として計画された。日本海方面が米坂線、太平洋方面が仙山線だったようだ。しかし、実際にはそれほど重用されなかったらしい。奥羽本線は山形新幹線の整備のために線路幅を広げたから、米坂線の列車は山形へ直通できなくなった。貨物輸送も途絶えた今、米坂線は長大なローカル線になっている。全区間を直通する列車は一日六往復しかない。

坂町発〇七時一七分発の米沢行きは、同駅〇七時〇五分着の列車として到着した。二両編成のディーゼルカーは高校生で満員だった。折り返す列車はガラガラかと思ったら、秋田方面からの特急が到着。乗り換え客が少なからずいた。旧街道の人の流れは絶えることがない。ディーゼルカーはボックスシートのそれぞれに、一人か二人のお客を乗せて走り出した。明るくなった車窓には雪がなかった。畑は緑色。この時期に何を植えているのだろう。大きな川が並行しており、その川が遠ざかると、遠くに雪化粧の山々が見えてくる。しばらく走ると、また川が寄り添い、片側一車線の道路と三つ巴《どもえ》で谷に入った。

上り勾配が始まり、ディーゼルカーのエンジン音が大きくなった。川幅が狭くなり、険しい地形に合わせて鉄橋が架けられ、線路と川の並びが入れ替わる。ダムになっている場所もあり、変化に富んだ車窓である。雪は見えないな、と思ったら、トンネルを越えたとたんに風景が真っ白になった。県境を越えて盆地に出たようだ。真っ白な大地。昨夜に積もった雪らしく、動物の足跡もない雪原だ。その白い反射光で車内も明るくなった。

小国駅、奇跡のダイヤモンドダスト

米坂線のディーゼルカーは、見渡す限りの雪原を走っていた。惰性走行のためエンジン音は小さく、コトン、コトンというレールの響きだけが伝わってくる。小さな街に入り、レールのリズムがゆっくりとなっていく。やがてカタカタと響いてポイントを通過し、駅に停車した。小国駅だった。列車の交換はないけれど、ここで数分停車する。駅舎は跨線橋を渡った向こう側にある。わずかな時間だから駅前散歩は難しそうだ。

それでも、ホームに積もった雪でも踏んでみるかと、列車を降りてみた。雲の間から太陽が現れて、あたりがぱっと明るくなった。明るいのに静かだ。それだけでも日常とは違う体験である。冷たい空気が喉を通る。草や土の匂いがない、澄んだ空気。うまい。

鈍行列車から眺める白銀の世界。風で雪が舞い上がる

そのとき、視野の中で何かが光ったような気がした。しかし見回してもガラスや鏡、ライトの類はない。乗客の誰かがカメラのフラッシュを使ったか。いや、それもなさそうだ。あ、また光った。今度は分かった。空気が光った。それもかすかに。視野にひとつかふたつ。銀色の粒が舞っては消える。光ったところに手を伸ばしても摑《つか》めない。明るいところや日陰に入ってみたけれど、どちらが見つけやすいかは分からない。

キラ……キラ……と光る空気。その光を見つけようと、私は動き回った。ふと気がつけば、私のそばに制服姿の女子高生が立っていた。不思議そうに私を見ている。そこで私は、自分がかなり挙動不審なオッサンだと気づいた。思わず、弁解するように話しかけた。

「あ、あのね、空気が光ってるんだ。分か

るかな」

彼女は頷《うなず》いた。

「これ、なんていうんだっけ。スノーダスト、違う、ダイヤモンドダストだ」

彼女の表情がすこし柔らかくなった。

「こういうの、いつも見られるのかな」

彼女は首を振った。「じゃあ僕たちはラッキーだね」と言うと、彼女はちょっとだけ笑顔を見せて、列車に乗り込んだ。私も続く。そろそろ発車の時刻だった。


自分の席に戻って車窓を眺める。ここから米沢までは約二時間。だいたい映画一本分の時間で、雪の車窓を愛でるにはちょうどいい。うれしいことに小国を過ぎてすぐに晴れてきた。雪の平原、濃い緑の森、雪化粧の山、そして青空。そう、こういう景色が見たかった。雪の車窓といえば豪雪の飯山線、山間の雪渓が見事な只見線が有名だ。米坂線を挙げる人は少ないけれど、この穏やかな雪景色は心を落ち着かせる。

視線を車内に向けると、さっきホームで話をした女子高生が斜め向かいのボックス席に座っていた。彼女は進行方向に背を向けて、つまりこちら向き。車窓を眺める横顔が見えた。その表情が優しく穏やかで、雪の車窓によく似合っていた。なかなか絵になる場面だな、と眺めていたら、とうとう目が合ってしまった。かなり照れくさい。照れくさいけど、ちょっと話をしてみたくなった。中年オヤジのナンパなんてみっともないと思いつつ、勇気を出して話しかけてみた。彼女は戸惑いつつも、向かいの席に座ることを許してくれた。

私は彼女を怖がらせてしまったかもしれないと思い、簡単に自己紹介をした。ダイヤモンドダストの話から、今年の雪は多いの、少ないの……いつのまにか、インタビュー取材をしているような雰囲気になってしまった。でも、旅の記者が取材をすると思ってくれたほうが彼女は気楽かもしれない。高校三年生で、山形鉄道沿線の高校に通っているという。山形鉄道といえば、映画『スウィングガールズ』の舞台だよね、と言うと、なんと彼女は吹奏楽部とのこと。どうやら私は本物のスウィングガールに出会ってしまった。彼女はこの春から少し離れた大学に進学するという。将来は病院内学級の先生になりたいそうだ。高校ではバンド活動もやっていて、彼女は紅一点のギター。「モテモテじゃないか」「うん、そうかも」。すっかり打ち解けて、いい笑顔を見せてもらった。

彼女は山形鉄道との乗換駅、今泉で降りていった。私も山形鉄道に乗るつもりだから、一緒に行ってもよかったけれど、さすがにそれはしつこいだろうと思い、予定通り米沢に向かった。雪景色を眺めに来たつもりが、彼女と話している間はちっとも景色を見ていなかった。中年オヤジが若い娘と話して、粉雪のように舞い上がってしまったというお話。今思い出すとかなり恥ずかしい。でも、話しかけてよかった。あれからときが過ぎ、きっと彼女は夢をかなえて、教壇に立っているだろう。

私は旅先で年寄りや子供と打ち解けることはあっても、若い女性と親しくなる機会はめったにない。あの出会いはきっと、ダイヤモンドダストが魔法をかけてくれたんだと思っている。ダイヤモンドダスト のように、一瞬だけきらりと光って消えていく、貴重な、そして美しい思い出のひとつ。何度も旅を続けていると、そんな奇跡も起きるらしい。

今回の電車賃

21230円

JR周遊きっぷゆき券（都区内―新潟―米坂線経由）……6550円
JR周遊きっぷゾーン券（山寺・松島）……3300円
JR周遊きっぷかえり券（奥羽本線―福島経由―都区内）……4620円
周遊きっぷは2013年に廃止（山寺・松島は2010年終了）。
JR東日本（ムーンライトえちご指定席券）……510円
JR東日本（山形新幹線特急券 山形―東京）……5250円
山形鉄道（土休日フリー切符）……1000円

※参考
JR東日本（週末パス）……8500円
東京から休日に乗りに行く場合に便利。JR東日本の関東と南東北エリアの路線と、エリア内の13社の路線で普通列車自由席が乗り降り自由。特急料金・指定席券などは別途料金が必要。
JR東日本（三連休乗車券）……13000円
夏から春にかけての土日を含めた三連休日に設定。JR東日本全線、JR北海道の一部区間のほか、エリア内6社の普通列車自由席に乗り放題。指定席、新幹線や特急に乗るには別途料金が必要。

第27鉄

小湊鐵道と養老渓谷とわらじトンカツ
——房総横断ローカル線紀行

内房線の五井から小湊鐵道に乗り、上総中野駅でいすみ鉄道に乗り継げば、外房線の大原に出られる。房総半島を横断できるルートで、東京から日帰り可能。お手軽なローカル線体験コースとして注目されている。

今回は小湊鐵道で養老渓谷へ、そしていすみ鉄道に乗り換えて大多喜駅まで。マイナスイオンをたっぷり吸って、うまいトンカツを食べた。横断完了後、とんぼ返りして大多喜城を見物。保存車両を見物しに行き、ホタル観賞で締めくくった。

東京から鈍行で一時間、ローカル線の旅が始まる

今回の旅は気合いを入れて早起き。東京駅〇六時三五分発の総武線快速で千葉駅に〇七時一三分着、〇七時二七分発の内房線普通列車に乗って、約二〇分で五井駅に着いた。五井といわれてもピンと来ないかもしれない。所在地は千葉県市原市で、千葉市の南側

の主要都市。五井は市原市役所に近く、市原市の心臓部だ。市原市といえばサッカーのジェフユナイテッド市原・千葉の本拠地。沿岸は大工業地帯だ。東京湾の対岸に羽田空港があり、晴れて空気が澄んだ日は羽田空港展望デッキからも市原の工場の煙突が見える。いっそ、五井駅を市原駅に改名しちゃえばいいのにと思う。そんな五井駅だが、構内はのんびりとした佇まい。内房線のホームは一五両編成に対応しているとはいえ、ふたつの線路に挟まれた島式ホームが一本だけ。

そこから見える小湊鐵道のホームは、内房線の半分ほどの長さがあるのに、列車はたった二両。いかにもローカル鉄道らしいかわいらしさだ。その奥には小湊鐵道の車両基地があって、ディーゼルカーや貨車が並んでいる。じっくり観察したいけれど、次の発車は五分後だから、早足で跨線橋を渡った。これを逃すとその次の列車は四〇分後、しかも途中の上総牛久駅止まりだ。その先の養老渓谷まで行く列車は〇九時二二分発になってしまう。今日は欲張りなコースだから、ここで一時間半もロスできない。

車両はつるんとした顔つきのディーゼルカーだ。客室は通勤電車のようなロングシート。今日は日曜日だけど、平日は通勤通学客で混雑するらしい。意外にもワンマン運転ではなく、かわいらしい女性の車掌さんが勤務していた。女性の観光アテンダントを起用するローカル鉄道が増えているけれど、こちらは列車の運行を担う鉄道職員の車掌さん。愛想も良くさわやかで、キリッと頼もしい存在である。

志半ばの路線たちが作った房総横断ルート

列車が動き出す。ガラガラとディーゼルエンジン特有の音。東京からほぼ一時間で、本格的なローカル線の旅が始まった。もっとも、しばらくは住宅地が続く。

五井からふたつめ、海士有木《あまありき》という駅がある。言葉の響きが楽しい。でもこれはふたつの言葉を合わせた駅名で、海士さんの集落があったところと、有木城というお城にちなんでいるそうだ。有木城は戦国時代に北条氏が築いた城で、房総を制する里見氏と対峙《たいじ》する最前線だったらしい。房総以外の地域も含めると、千葉県には二七〇を超える城があったという。それほど奪い合う価値がある、豊かな土地というわけだ。

鉄道趣味的にいうと、海士有木は小湊鐵道の野心があったところ。小湊鐵道は海士有木から千葉市へ支線を延伸する構想を持っていた。その名残が現在の京成千原線で、千葉中央駅から、ちはら台駅まで到達して終わっている。海士有木までは直線で約七キロメートル。そのルート上は住宅開発が進んでいるし、途中の山倉ダムには千葉こどもの国もある。この路線が完成していれば、千葉から海士有木、さらに小湊鐵道に乗り入れて養老渓谷へ直通できた。リゾート特急「ヨーローライナー」が走ったかもしれない。

もっとも、小湊鐵道の野心といえば小湊である。小湊はどこにあるかというと、ずっと南の太平洋に面した安房小湊だ。小湊鐵道は当初、内房の主要都市だった市原地域と、南房総の小湊を結ぶ計画だった。小湊には日蓮の生地、誕生寺があって、参詣鉄道という意味合いもあったらしい。しかし上総中野駅に到達したところ資金不足のため停滞。その後、国鉄が木原線を建設して接続し、房総横断ルートが完成したため区切りをつけた。

ちなみに木原線のほうも、大原駅と木更津駅を結ぶ計画だった。お互いに志半ばで手を結んだというわけだ。千原線といい、なんだかこのあたりは志半ばで終わった路線ばかりだ。

車窓いっぱいの新緑を楽しもう

ロングシートに座り、向かいにずらりと並ぶ窓からパノラマを眺めよう。青空と田畑の風景。里見駅あたりから新緑の割合が増える。ときどき、すべての窓が緑色に変わる。小さな丘や森があって、そこだけが緑のトンネルのようになっている。

そういえば小湊鐵道はテレビドラマのロケ地としても知られている。東京から撮影しやすいローカル線風景というわけだ。里見駅はTVドラマ版の『東京タワー』で使われた。月崎駅は『世界の中心で、愛をさけぶ』、飯給《いたぶ》駅は『特急田中3号』に登場。『古畑任三郎』では列車自体がトリックを解く鍵になった。もっとも、古畑警部補は警視庁だから、小湊鐵道は東京の私鉄という設定だった。これはちょっと無理があって、「なんで小湊鐵道にCTC（列車集中制御装置）があるんだ」と鉄道ファンの間で話題になったっけ。

車窓の緑はさらに深くなり、列車は養老渓谷駅に到達。この駅はその名の通り、養老渓谷観光の中心になる駅。見どころは三方向あって、養老川沿いの滝めぐりルート、燕来川方面の弘文洞跡ルート、大福山展望台と梅ヶ瀬ルートである。今回は「養老渓谷といえば養老の滝だよね」というわけで、滝めぐりルートにする。ところが、養老渓谷駅から養老の滝とされる粟又《あわまた》の滝までのバスは一〇時四〇分が始発。これはちょっと遅い。午前中に滝めぐりをしたいなら、小湊鐵道の終点の上総中野駅から出ている探勝バスがオススメ。こちらは〇九時〇五分発の便があり、粟又の滝に〇九時二〇分に着く。この便を含めて、探勝バスの増発は観光シーズンのみ。新緑の時期は日曜日だけ。事前に運行日をチェックしよう。

養老川を散歩、身体中の酸素を入れ替える

養老渓谷の滝めぐりは粟又の滝から始まって下流へ進む。「養老渓谷といえば養老の滝」と思ったけれど、あの「滝の水がお酒になっちゃった伝説」は岐阜県のほう。こちらは養老川に注ぎ込む滝がたくさんあって、どれもお酒にはならない。まあ、岐阜県のほうもお酒にはならないと思うけど。ちなみにもっとも大きな粟又の滝はなだらかな斜面で、水が注ぎ込むところに泡が立つときもあるという。もちろんこれはビールではなく、温泉に似た成分が泡を作るそうだ。これか粟又の滝の名の由来とのこと。

道路脇から滝へ下りるまではちょっと険しく、雨上がりの日は滑りやすい。水際まで下

りると、そこからの滝めぐりは遊歩道が整備されている。千代の滝、万代の滝、昇龍の滝、小沢又の滝を眺めるコース。それぞれの滝が自然の庭園のようで趣がある。滝の名前は取ってつけたような気がしたけれど、昇龍の滝だけは感心。じっと見つめていると、確かに天空へ昇る龍のたてがみのようだった。うまいネーミングだ。そして、これらの滝が過去から現在までずっと水を注ぎ続けているというそのことが感慨深い。当たり前のことなのかもしれないが、水が絶えないってすごい。自然に対して謙虚になってしまう。

小湊鐵道のサイトで紹介されていた「滝めぐりコース」は、「粟又の滝バス停」から川へ下り、養老川を歩いて小沢又の滝まで行き、道路に上がって「原の台バス停」までを歩く約三・五キロメートル。所要時間の目安は約五〇分。川を下る方向のほうがラクかな、と思って、奥にある粟又の滝までバスで行った。もっとも川沿いの遊歩道は平坦だ。小沢又の滝で道路に上がらず、また同じルートをたどって往復した。滝の水が砕けてマイナスイオンがいっぱいだし、緑が豊かで森林浴気分。釣りをする若者たちや、ザリガニを採っている親子、お散歩中のワンちゃんたちに挨拶して、二時間ちょっとの散歩を楽しんだ。適度な運動と深呼吸。身

養老渓谷、粟又の滝

体中の酸素をすべて入れ替えたような清々しい気分になった。

いすみ鉄道「ムーミン列車」で渓谷を行く

探勝バスで上総中野駅に戻り、いすみ鉄道で先へ進む。いすみ鉄道は前述の国鉄木原線を経営移管した会社だ。赤字ローカル線として木原線は廃止と決まったけれど、千葉県と沿線自治体が出資して存続。ちなみに木更津側は久留里線として建設され、現在もＪＲ東日本の久留里《くるり》線として上総亀山まで運行している。

いすみ鉄道もディーゼルカーだが、小湊鐵道より新しい車両である。これはいすみ鉄道が国鉄木原線から転換されたときに車両を新しく導入したから。新車といっても、バスの部品を流用して作られたお買い得品。ボディは菜の花をイメージした鮮やかな黄色。いすみ鉄道は二〇〇九年から「ムーミン列車」として車体にムーミンと仲間たちを描いている。車内にもムーミンのキャラクターがたくさん描かれて、運転台の横にぬいぐるみも置いてある。親しみやすい鉄道になりたい、という思いを込めたアイデアだ。

私のそばに幼児とママが乗っていた。「ほら、ムーミンさんいるわよ」「ほんとだー。あれ、パパはどうしたの」「パパは先にクルマで行って駅で待ってるの」。用事がなくても幼児とママが乗ってくれていた。ムーミン列車は成功しているようだ。ちなみに、いすみ鉄道のムーミン企画は車両だけではなく、沿線の鉄橋の下でムーミンが釣りをしていたり、池の畔でスナフキンがキャンプをしていたりする。車内に観光客が多いな、と判断すると、運転士さんが徐行して「見えますよ」と教えてくれる。

小湊鐵道は養老川に沿っていた。いすみ鉄道は夷隅《いすみ》川に沿うルートだ。両路線が接続する上総中野駅が、ちょうど房総の分水《ぶんすい》嶺《れい》になっている。いすみ鉄道のほうは線路も川もそれぞれ気ままに蛇行しているから、沿うというより絡み合うようで、鉄橋がいくつもある。緑の中に線路一本。のんびりとした景色の中を、ムーミン列車が軽快に走っていく。途中の駅には紫陽花が植えられていて、もうすぐ満開になりそうだった。

わらじトンカツでお腹いっぱい

上総中野駅から約二〇分ほど。車窓の左

いすみ鉄道の名物、「ムーミン列車」と「キハ52」

側にちらりと城が見えて、デンタルサポート大多喜駅に到着した。車窓から見えたお城が気になる。しかしお腹が空いた。時刻は一三時を過ぎている。もしここでうまいトンカツを食べたかったら、急いで改札を出よう。大多喜駅にはいすみ鉄道の車両基地があり、名物のキハ五二形ディーゼルカーも見られる。しかし今はトンカツだ。大多喜ではトンカツを食べるべきなのだ。

改札を出て、斜め右の道を下りて徒歩数分。地元だけではなく、いすみ鉄道を訪れる観光客の間で有名な「とんかつ亭有家」に行かねばなるまい。何しろ大人気で、お昼の時間帯で売り切れになり、早じまいすることも多いそうだ。

大多喜城の城下町だけあって、主力メニューは「大名（ヒレ）」「家老（ロース）」「旗本（肩ロース）」と名付けられている。このほかにアーモンドを使った「カルフォルニアとんかつ」や明太子入りの「博多とんかつ」などの変わりメニューも面白い。その中から私が選んだ品は「わらじとんかつ（特大）」。食いしん坊の私は「特大」の文字を見逃さなかった。しかもメニューの中では安めの一〇五〇円。旗本より安いとは足軽か。期待薄かと思ったけれど、ジューシーな肉だった。衣は卵をたっぷり使っていて、コクがある。

満腹で元気になったところで大多喜駅へ戻る。実はトンカツ屋さんに急行したため、通過したスポットがある。「房総中央鉄道館」といって、鉄道模型のパノラマや鉄道部品を展示しているミニ博物館だ。入場料は大人二〇〇円、小中学生は一〇〇円。ただし、いすみ鉄道フリー乗車券を持っていると半額になる。

館内は奥行きが広く、入ってすぐ右手にNゲージ鉄道模型のパノラマ。左手は鉄道中古部品などの販売コーナーだ。奥に行くとHOゲージのキハ五二が走っている。ちなみにNゲージはレール間隔九ミリ、車両は手のひらに載るほどの一五〇分の一サイズ。HOゲージはひと回り大きく、レール間隔一六ミリ、車両は八〇分の一サイズだ。

その奥には、なぜかエイリアンのマスクやフィギュアなどがあり、突き当たりは駅名標などのコレクション展示コーナーとなっている。ほかにも路面電車や小さなNゲージレイアウト。地元の鉄道ファンのコレクションを持ち寄って公開しているようだ。

いすみ鉄道名物「キハ52」

デンタルサポート大多喜駅に鉄道ファンや家族連れが集まっている。お目当ては一三時四五分発の急行列車。旧国鉄のキハ五二形ディーゼルカーだ。一九六〇年代から全国の国鉄ローカル線で活躍し、のちに老朽化のため次々と廃車された。二〇一〇年の夏までJR西日本の大糸線で使われ、希少価値と懐かしさから全国の鉄道ファンの人気を集めていた。そのキハ五二形をいすみ鉄道が譲受した。鉄道自体に「名物」がない同社にとって、活性化の切り札というわけだ。JR西日本時代はブルーとクリーム色の「スカ色塗装」だったけれど、整備にあたって旧国鉄の一般型塗装にお色直しした。

しかし鉄道ファン以外の人にとって、キハ五二形は古臭いディーゼルカーだ。SLほど一般の人に分かりやすい車両ではない。しかも、いすみ鉄道は一九八八年製のディーゼルカーを廃止して、それより二〇年以上も古い一九六五年製の車両を導入したわけで、妙なことをする会社だと思った人も多かったに違いない。

ところがいすみ鉄道の目論見《もくろみ》は当たった。キハ五二形は鉄道ファンだけでなく、昭和時代のノスタルジーを感じさせるシンボルとして観光客を引き寄せている。カメラを片手に忙しく動き回る鉄道ファンと、お酒やおつまみを抱えて談笑する年配のグループがいた。

昭和の列車は窓が開く

キハ五二形は土日のみ、急行列車として運行されている。乗車券のほかに三〇〇円の急行料金が必要だ。定員制で、急行券は各列車六〇枚の限定販売となっており、そのうちボックスシート四つ分一六席は指定席。こちらはさらにプラス三〇〇円である。

鉄道ファンはさっそく車内を撮影している。私もカメラを取り出した。キハ五二形の大糸線時代にも乗車していたけれど、当時は通学の高校生と登山客などで混雑していたから撮影を遠慮していた。今日はほとんど鉄道ファンだ。交互に運転台を撮ったり、ボックスシートを撮りたい人へ席を提供したりと譲り合って撮影を楽しんだ。

キハ五二形の車内はJR西日本で使われていた当時の姿を残している。製造時のままではなくて、乗客サービスのためにシートを張り替えたり、ワンマン運転に対応する料金箱があったりする。冷房装置もあとから取り付けられている。この日も冷房が効いて涼しかったが、前後の席のお客さんに声をかけた。「窓を開けたほうが気持ちいいよね」。誰もが賛成してくれた。まだ初夏だし、曇り空で暑さもそれほど厳しくない。やっぱり昭和の汽車旅は、窓を開けなくちゃ雰囲気が出ない。

列車が走り出すと、古いディーゼルエンジン独特のガラガラという音、そしてかすかな油臭さが漂う。高校時代、ワイド周遊券で全国のローカル線を乗り歩いた頃を思い出した。四〇代半ばの私にとって、蒸気機関車は珍しいけれど懐かしさは薄い。でも、旧国鉄形ディーゼルカーは思い出が多い。この匂いは青春の匂いだ。懐かし過ぎて涙が出そうだ。泣いてもいいかな。たぶんすぐに風が吹き飛ばしてくれるだろう。

ここはムーミンのふるさと？

急行列車は林を通り抜け、小さな鉄橋を渡り、田園地帯を快走する。そして「風そよぐ谷国吉」駅で長時間停車。乗客たちが記念撮影できるようにという粋なはからいだ。この駅にはいすみ鉄道直営ショップ「VALLEY WINDS」があり、同社のオリジナルグッズやムーミンのキャラクターを販売している。長時間停車には「ここでお買い物をしてね」という意味もあるようだ。

ムーミンといえば、私の子供の頃にアニメが放送されていた。今でも誰かに振り向いてもらいたいときに「ねぇムーミン、こっちむいて」と歌いそうになる。しかし「VALLEY WINDS」にいるムーミンたちは、ちょっと雰囲気が違う。私が子供の頃に見ていたムーミンは原作者のお気に召さなかったらしく、一九九〇年に原作に忠実なムーミンのアニメが作られて以降、私のムーミンは消えてしまった。

それでもムーミンは懐かしい。ちなみに、キハ五二形が活躍した時期と、ムーミンの初期のアニメが放送されていた時期はほぼ同じ。つまり、いすみ鉄道は高度成長期生まれにとって懐かしい仕掛けがいっぱいだ。

車内放送では沿線の観光案内も行っている。窓を開けているから聞き取りにくいけれど、「コント赤信号のリーダー、渡辺正行さんの実家が見えます」といった紹介もあって笑いを誘う。そんな車窓の重要ポイントは「スナフキンの家」だ。大原駅へ向かって車窓左手にスナフキンのテントがあり、釣り糸を垂れている。そばにはミイも立っていた。

丘の上の保存車両を見に行く

JRの外房線に接続する大原駅に到着すれば、房総半島横断は終了。しかし今日はまだお楽しみが残っている。急行列車が大原駅に近づくと、車内では引き返す人向けに急行券の販売が始まった。駅で買う急行券は硬券、車内では車内補充券で発行してくれる。きっぷコレクターにもうれしい配慮だ。

デンタルサポート大多喜駅に戻り、約三〇分後の列車でまた大原方面への普通列車に乗った。目的地はふたつめの上総中川駅。急行は停車しない駅だ。この駅の近くにいすみ鉄道の保存車両があるという。キハ五二形の導入と引き換えに引退した車両で、ほかに北陸鉄道と万葉線の保存車両もあるらしい。

無人の上総中川駅を降りて、国道を大原方面に歩く。信号のある交差点を左折して踏切を渡り、田んぼの中の道をずーっと歩いていく。左手前方に黄色い車両が鎮座している。「ポッポの丘」だ。いすみ鉄道の二〇〇形、北陸鉄道石川線で活躍したモハ三七五〇形、万葉線で活躍したデ七〇〇〇形が並んでいる。車内はお土産や農産物の直売所である。

「ポッポの丘」の保存車両で卵や野菜を販売

見学無料だったから、入場料のつもりでお土産を購入した。「いすみ鉄道 里山やさいとチキンのカレー」「トレインおかき」「ブルーベリーカレー」など。

実は、「いすみ鉄道 里山やさいとチキンのカレー」と、「トレインおかき」の購入は二回目だ。いすみ鉄道は東日本大震災のときに、三陸鉄道とひたちなか海浜鉄道を支援する「復興応援切符」を発売しており、私はそれを粋に感じて通販で購入した。その通販サイトは五〇〇〇円以上のお買い上げで送料無料というから、ついでにカレーやおかきも買ったというわけだ。お土産品だからと期待していなかったけれど、意外にもおいしかった。だから「次回は現地で買おう」と決めていた次第。この施設のオーナーは養鶏場の経営者で、車内で生卵も販売している。生卵の袋詰め放題もあったけど、列車旅では持ち帰りにくい。

買い物も終わって見渡せば、二〇〇形とモハ三七五〇形は同じ線路の上で連結されていた。線路の先はさらに工事中の様子。もしかしたら、保存車両を走らせるつもりだろうかと思ったけれど、のちに新たな保存車両を置く場所を作っていたと知った。現在は保存車両が一七両も並んでいるそうだ。ちょっとした博物館である。

車窓から見えた大多喜城へ

今日は何度も訪れているデンタルサポート大多喜駅。「デンタルサポート」はネーミングライツである。だからといって省略して大多喜駅と書いてはいけない。ネーミングライツの意味はメディアへの露出もあるだろうから、ちゃんと書いておかないと。ちなみにデンタルサポートは訪問歯科診療や介護関係の会社とのこと。

それはともかく、次のイベントは一八時四八分のホタルウォッチングトレインだから時間がある。そこで大多喜の名所、列車の窓からも見えた大多喜城へ行ってみた。

大多喜城はデンタルサポート大多喜駅から徒歩一五分くらい。途中の道はメキシコ通りという名前がついている。一九七八年にメキシコ大統領が大多喜を公式訪問した。その記念としてメキシコ通りと命名されたとのこと。江戸時代にスペインの船が遭難し、乗組員をこの地でもてなした縁で幕府とスペイン・メキシコとの通商が始まった。日本とトルコの友情はよく知られているけれど、スペイン・メキシコともそんな美談があった。

大多喜城は千葉県立中央博物館の分館となっている。大多喜城の天守はこの博物館のために再建された建物だ。徳川時代に本多忠勝が建設した大多喜城は、徳川時代半ばに朽ち果てた。幕府から再建の命があったにもかかわらず放置されたという。現在の建物は当時の図面を基にしたとはいえ、一九七五年に建てられたとのこと。なんだ、せっかく上ってきたというのに昔からの城じゃないんだ。博物館らしく、城壁や石垣などに説明書きがあり、それなりにためになる。城壁から見下ろせば、木立の向こうにいすみ鉄道の鉄橋が見えた。ここは列車の撮影スポットとしても面白いかもしれない。それにしても、今日はずいぶん歩く日だ。これでわらじトンカツぶんのカロリーを消費できたはず。

ミステリー仕掛けのホタルウォッチングトレイン

今日の旅の締めくくりはホタルウォッチングトレインだ。昨年からいすみ鉄道が始めた企画で、今年（二〇一一年）が二回目。六月一〇日から二〇日まで毎日開催していた。参加料金は五〇〇円とホタルの最寄り駅までの運賃。その最寄り駅は「環境保護のためナイショ」という。もっとも、窓口で運賃を支払えば料金表で分かってしまうけれど、ここでは一応内緒にしておく。ちなみに往路は定期列車で、通常は一両で運行する列車に一両を増結。週末など混雑しているときは三両編成になるという。帰りは大多喜止まりの終列車になってしまうが、ホタルウォッチングトレインの開催日は大原まで臨時運転する。外房線に乗り継げば、千葉へ二三時一〇分着。そこから総武線快速で東京駅方面へ日帰りできる。

ホタルウォッチングトレインは県外のお客さんが多いようで、往路の車内放送ではいすみ鉄道の紹介が行われた。赤字であること、再建の努力が続いていること、昨年（二〇一〇年）秋に存続が決まったこと、「どうかお土産を買ってください、復興応援切符も買ってください」という話。乗客たちはホタルに期待しつつ、いすみ鉄道の状況を聞いて複雑な表情に。それを察してか案内係氏は、「紫陽花が咲いていています。帰りは真っ暗で見えませんから今のうちに」と和ませ、「この先の鉄橋の下でムーミンが釣りをしています。でも皆さんがいっぺんに見ようとして片側に集まると、列車がひっくり返っちゃう」と笑いを誘う。

ホタルウォッチングの最寄り駅は豆電球で装飾されて、ささやかながらホタルらしい演出だ。ここからは貸切バス三台に分乗する。しばらく走ると、真っ暗な場所で降ろされる。いすみ鉄道の職員と警備員さんの誘導で細い道を歩いていくと、川がカーブしたところに橋が架かっている。ここがホタル出現場所だという。

儚く光るホタルたち

深い群青色の空の下、まだ何も起こらない。二〇〇を超える人々が静かに待っている。飽きてきた幼児がぐずり始める。そのときだった。「あっ見えた、光った」と私のそばの少年が指さした。しまった。見逃した。でも、しばらくすると、確かに光った。ひとつ、またひとつ。川の奥のほうから、白くて小さな、しかし強い光点が現れて、消えた。

「これからどんどん増えてきますよ。そしてこちらに寄ってきます」と案内係の方が言う。一粒ずつの光の点は、一〇になり、三〇になり……、もっと増えてきた。そして一〇〇を超え、ふわふわと川の奥から手前へと広がっていく。一斉に光り、そして消える。華やかで儚い光の粒子たち。これは言葉でどう表現したらいいンだろう。「すごい」「きれい」では伝わらない。澄んだ空気の中で見上げた夜空を、今地上に再現したような。かつて歌人はどう詠んだか。詩人はどうか。うまく書き表せない悔しさに打ちのめされそうだ。

ホタルの光はかなり強いが、カメラには捉えられない。プロのカメラマンなら撮れるのだろうか。少なくとも私のコンパクトデジカメの性能では無理だ。テレビの科学番組で使うような高感度カメラなら、たぶん光そのものは残せるだろう。でも、それはこの暗闇の中の光の舞いとは程遠い映像になるはずだ。

そして哀しいかな、カメラの限界を疑わない人々がフラッシュを焚く。デジカメやケータイのカメラの設定画面をいじる人がいる。液晶のほうが明るく周囲を照らして、せっかくの幻想的な風景が台なしだ。懐中電灯でカメラを照らす人までいる。いったい何をしているんだこの人たちは……。下ばかり見て、目の前の光を見ようとしないのか。

　私はデジカメの設定画面を見に来たわけじゃない。フラッシュを見に来たわけでもない。ホタルを見に来た。だからカメラは諦め、ホタルを見よう。世の中には、デジタルでは捉えられない物事がいっぱいある。それはたぶんホタルだけではない。私たちはもしかしたら、この世のすべてをデジタルなデータに残せると思っていやしないか。自分の目で見たこと、聞いたこと。真実はそこにしかないはずだった。

　遠くに見えるホタルの光は白く、しかし、ふらりとこちらに寄ってくるホタルの光は緑色であった。遠くと近くで色が違って見える。それをデジタルでどう表現できようか。でも心には残った。それでいいじゃないか。

　真っ暗な帰り道、前を歩く父親が手のひらを高く掲げた。一粒の光が仲間のもとへ帰っていく。「え、捕まえたんですか」と思わず声を出した。「パパが捕まえてくれたんだよ」と男の子の声が聞こえた。ああ、この人たちは正しい。きっとこの子は今夜の思い出を心に留め、何度でも思い出せるだろう。そして事あるごとに誰かに伝えていくだろう。そして、言葉で伝えるより、「一緒に行こう」と誘うほうが大事だと知るはずだ。

　帰りの列車の中、車内放送はホタルの解説になった。一斉に光って消える。これはゲンジボタルの特徴だという。生まれてから一年を幼虫で過ごし、成虫として光る時期はわずか二週間。そんな話を聞きながら、誰もがホタルの里の風景を思い出していただろう。

「おいでいただきありがとうございました」という声に、乗客全員が拍手を贈った。

今回の電車賃

3920円
+1260円

JR東日本（東京—五井）……950円
小湊鐵道（五井—上総中野）……1370円
いすみ鉄道（1日フリー乗車券）……1000円
いすみ鉄道（急行券）……300円
いすみ鉄道（急行指定料金）……300円

養老渓谷探勝バス（上総中野—粟又の滝）
……380円
養老渓谷探勝バス（粟又の滝—上総中野）
……380円
ホタル観賞許可証……500円
（2011年まで）

※参考
いすみ鉄道のホタルウォッチングトレインは2012年より予約制ツアーとなった。

第5章　やっぱりこれ！　青春18きっぷで旅に出よう

特別列車

青春18きっぷならではの旅に出よう

青春18きっぷはJRの普通列車に限り乗り放題。発売当初の利用者は鉄道ファンと学生が中心だった。しかし、今では大手出版社からガイドブックが発売されたり、週刊誌などで企画記事が掲載されたりと知名度も高まっている。

でも、そんな記事に私はちょいと不満アリ。どれを見ても「安いきっぷで温泉に行っておいしいものを食べよう」ばかりだからだ。そんな旅なら青春18きっぷではなくても行けるし、格安バスツアーのほうがおトクで楽チンかもしれない。青春18きっぷを使うなら、鉄道の旅そのものを楽しんでほしい。

そこでここからは、鉄道の楽しさ満載の「青春18きっぷの旅」を紹介する。その前に青春18きっぷについておさらいしておこう。

青春18きっぷとは

青春18きっぷはJRの企画きっぷで、JR全線の普通列車、快速列車の普通車自由席とJR西日本宮島フェリーに乗り放題になる。一日乗り放題の五回分セットで一万一五〇〇円。一回あたりの値段は二三〇〇円だ。利用可能期間中であれば五回分をいつでも使える。一人で五回分使ってもいいし、同一行程であれば二人以上でも使える。五人グループの日帰り旅行に使ってもいい。二人で二回ずつ使って、残り一回を一人で使ってもOK。

普通列車、快速列車専用だから、特急や急行列車には乗れない。ただし、石勝線の占冠《しむかっぷ》—トマム間、津軽海峡線の蟹田—木古内間は普通列車が存在しないため、特例として特急自由席に乗車できる。普通列車が少ない宮崎空港線の宮崎—宮崎空港間や奥羽本線の新青森—青森間も特急自由席を利用可能。

SL列車なども普通列車、快速列車として運行される場合は指定席券を購入すれば利用可能。中央ライナー、青梅ライナー、マリンライナーなどもライナー券を購入すれば乗車可。普通列車のグリーン車自由席はグリーン券を別途購入すれば乗車できる。

「青春18きっぷ」という名前だが、年齢制限はないので大人でも子供でも利用可能。利用できる期間は年に三シーズンのみ。春は二月下旬から三月、夏は七月下旬から九月上旬、冬は一二月上旬から一月上旬。だいたい学校の長期休みに合わせた時期となっている。

なお、秋には青春18きっぷに似た「秋の乗り放題パス」が発売される。九月下旬から一〇月中旬までの連続三日間有効で大人七五〇〇円だ。

第28鉄

日本三大車窓「姨捨」とJR最高地点を訪ねる

青春18きっぷは「一日乗り放題の五回分」。日帰り旅なら五回も行ける。忙しくて連休を取りにくいなんて人も、日帰りならなんとかなるだろう。遠くへ行くなら早朝から出発して深夜に帰る旅になる。でも、もっと遠くへ行く方法がある。夜行快速列車を使うのだ。一日乗り放題なら、〇時を過ぎて日付が変わった瞬間から使い始める。夜行日帰りなら、信州をぐるっと巡る旅もできるぞ。

夜行快速列車ムーンライト信州と「青春18きっぷをまる一日使うテクニック」

新宿駅二三時五四分発のムーンライト信州で出発する。「ムーンライト信州」は普通列車の扱いだが全席指定席。事前に指定席券（五一〇円）も買っておく。ここでひとつ注意点を。ＪＲ駅で改札に入るときに、青春18きっぷを出してはダメ。「ムーンライト信州」が発車して六分で日付けが変わり、次の立川駅到着で一回分の有効期間が終わってしまう。

そこで、〇時を過ぎてから最初に停車する駅、立川までのきっぷを別に買っておく。例えば新宿から立川までなら四五〇円。立川を過ぎて翌日になってから青春18きっぷを使い始める。車掌さんも心得ていて、車内検札で使うスタンプは翌日に設定されている。

普通列車とはいえムーンライト信州は特急用の車両だ。座席はリクライニングシートで、背もたれを倒してくつろげる。ただし夜行バスと違って、車内の照明は暗くならないから、明るいと眠れない人は安眠マスクも用意すべし。明るいとグループ客の談笑が続く場合もあるので、耳栓もあったほうがいいかもしれない。

ムーンライト信州は、中央本線の松本経由で大糸線の白馬まで行く快速列車だ。今回のひとつめの目的地は篠ノ井線の姨捨《おばすて》駅だから、松本で乗り換える。松本駅到着時刻は〇四時三二分。こんなに早い時刻になる理由は、ムーンライト信州が登山客向けにダイヤを設定しているからといわれている。中央線の夜行列車の伝統といえる。

篠ノ井線の始発列車は〇六時二〇分発で、約二時間の待ち時間がある。この時間を利用して松本電鉄を往復した。四月から一一月までの観光シーズンは、早朝に終点までノンストップの快速列車が走る。松本電鉄は特急や急行の設定はないので、珍しい乗車体験となる。松本発は〇四時四五分で「ムーンライト信州」からの接続にちょうどいい。

松本電鉄の快速列車に乗ってみた

松本電鉄上高地線は松本駅と新島々《しんしましま》駅を結ぶ。営業距離は一四・四キロメートル。所要時間は約三〇分。地元の生活の足として、また、マイカーが規制される上高地への乗り継ぎルートとして親しまれている。

二両編成の白い電車は、京王電鉄井の頭線で活躍した車両だ。夜明け前に発車する電車にもかかわらず、座席は登山やハイキングへ向かう人々で埋まっていた。快速列車の所要時間は約二三分。その短い間に、車窓は市街地、田園地帯、山麓へと変化する。市街地の風景はどこでも殺風景なものだ。しかし、このあたりは一九九六年から二〇〇五年にかけて、フジテレビ系列で放送されたドラマ『白線流し』のロケ地でもある。ドラマに思い入れのある人なら、築堤のそばの工場など見覚えのある建物をいくつか見つけられるだろう。

鉄道ファンなら、新村駅に留置されている五〇〇〇系電車に注目したい。こちらは元東急電鉄の五〇〇〇系電車で、渋谷のハチ公前に鎮座する車両と同じ。すでに廃車となっているが、二両一編成が保存されている。鉄道記念日などのイベントで見学できるようだ。

快速列車の新島々駅着は〇五時〇八分。駅前には上高地方面へのバスが並んで、一〇〇人ほどのお客さんを乗せて去っていく。残された客は私一人。早朝だから喫茶店も閉まっていて、ズラリと並んだバスを眺めて過ごすほかない。ここは上高地の入り口だけあって、気温も低く、ひんやりとした風が心地よかった。帰りの電車の乗客も私一人だけ。途中の駅から通勤客や学生が乗ってきて、松本盆地の「日常」がようやく始まる。

日本三大車窓「姨捨」で途中下車

松本駅に戻った時刻は〇六時二四分。篠ノ井線の始発には間に合わなかったけれど、その三〇分後に発車する長野行き各駅停車に乗った。車窓のオススメは進行方向左側だ。松本平を見下ろして、列車は高度を上げていく。三〇分ほどで冠着《かむりき》駅に着いたら、今度は車窓右側に移動しよう。ここからが日本三大車窓といわれる姨捨の風景になる。日本三大車窓なんて誰が言ったか知らないけれど、日本の山岳路線の景色なんてどこも同じだろうと思ったら大間違い。トンネルを出たとたんに長野盆地がどーんと広がった。左右の山に囲まれた箱庭のようでいて、奥行きがある。なるほど確かに絶景だ。疑ってごめんなさい。

この「日本三大車窓」区間の途中に姨捨駅がある。老いた母を山に捨てに行く息子と、その息子が帰り道を迷わぬよう、枝に印をつける老母の話。かの有名な姨捨伝説があったとされるところだ。この話、いつ聞いたンだろう。小学校の道徳の時間だったっけ。

姨捨駅で途中下車し、長野盆地の風景をしばらく眺めた。この駅からの絶景は有名だ。JR東日本もそこを心得ていて、上りホームに展望スペースを設置している。

姨捨駅が作られた理由は年寄りを置いていくためではない。勾配区間の途中にあって蒸気機関車に給水する基地だった。水平に駅を設置する必要があるため、勾配のある本線から分岐して、引き込み線式の駅とした。これをスイッチバック方式という。長野行き列車は分岐して駅に入り、出発するときは後退して引き込み線に入り、進行方向を戻して本線に戻る。松本行き列車は引き込み線に入っていったん停止して、後退運転で駅に入る。

スイッチバック駅は蒸気機関車時代には各地にあった。しかし行ったり来たりの運転が面倒だ。電車やディーゼルカーの登場によりブレーキの性能が上がると、各地のスイッチバック駅は本線上の駅へと改造されていった。姨捨駅は景色も運用も珍しい駅である。

姨捨駅は無人駅で、駅舎は昔の出札口などを再現した展示室になっている。展示物からの受け売りになるけれど、姨捨での風景は長野盆地の九つの駅を見渡せるという。夜景もすばらしく、特に月夜の「田毎の月」が絶景とされているそうだ。棚田のひとつひとつに月が映るというから面白い。次回は夕方に到着して夜まで眺めようか。

小海線のハイブリッド車両、乗り心地は意外にも……

次の目的地は小海線の野辺山駅。長野行き普通列車に乗って篠ノ井《しののい》駅で乗り換え、しなの鉄道へ。しなの鉄道は元ＪＲ東日本の信越本線で、長野新幹線開業と同時に第三セクター会社となった。ＪＲではないので青春18きっぷは使えない。別途きっぷが必要だ。

車窓のオススメは進行方向右側で、列車は千曲川に沿って走っていく。しなの鉄道の車窓といえば浅間山の構えだけれど、今回は残念ながら、その景色の手前の小諸《こもろ》駅で降りる。

乗り継ぎ客を待っていた列車は、ハイブリッド方式のディーゼルカー、「キハE二〇〇形」だ。鉄道車両もハイブリッドの時代、というわけだ。車内の掲示によると、キハE二〇〇形が自動車のハイブリッドカーと違うところは、エンジンと車軸を直結するモードがないこと。エンジンの回転はすべて発電機に送られて、その電力でモーターを回して走る。つまり、火力発電所を内蔵した電車である。余った電力は蓄電池に送られる。ブレーキをかけたときの車軸の回転でも発電機を回して充電する。

さて、その乗り心地はどうかというと、意外にもうるさかった。自動車のハイブリッド方式のように低速時は静かだと思っていたけれど、かなり違った。確かに発車時は電車のように静かだった。でもそれはほんのわずかな時間で、加速が始まるとエンジンがフル回転して発電を始める。一般的なディーゼルカーなら、低速時や惰性運転のときはエンジン回転数が下がるが、キハE二〇〇形は常にエンジンをフル回転させるようだ。

小諸から野辺山まではずっと上り坂だから、常に電力が必要になる。下り坂は静かだ。そもそもハイブリッド方式は静かに走るための仕組みではなくて、エンジンの回転力を効率良く使う仕組みである。燃料を常に完全燃焼できるため、排出ガスがずっときれいになるという。JR東日本が小海線にキハE二〇〇形を投入した理由は、高原の自然を大事にしたいという気持ちの表れかもしれない。

レンタサイクルでＪＲ最高地点を訪ねる

　小諸を出た列車は一時間ほど市街地を走る。ここは佐久《さく》盆地で、千曲川の恵みによって古くから栄えたところだ。途中には新幹線が停まる佐久平駅もある。中込駅あたりで車窓左に山が近づき、青沼駅あたりで車窓右にも山が迫る。八千穂駅を過ぎると線路は山に挟まれて、ようやく高原鉄道らしい雰囲気になる。ＵＶカットガラスを通して車窓を見ると、緑色が強調される。空の青色も強くなり、雲の形がはっきり分かる。なんとなく北野武監督の映画手法、キタノブルーを連想する。

　ハイブリッド車両に揺られて約二時間で野辺山駅に着いた。ここは清里高原の避暑地、高原野菜の産地としても知られている。鉄道ファンにとって野辺山駅は、ＪＲの中でもっとも標高が高い駅としても知られている。列車を降りると、車内の冷房と同じくらい涼しかった。ここで降りる乗客は多く、誰もが「ＪＲ線最高駅」の看板と記念撮影をして混雑する。でもこの看板、実は上りホーム、下りホームにいくつかある。一カ所が混雑していたら別の場所を探せば、ほかの人が映らない写真を簡単に撮れる。

　鉄道ファンとしては、駅の最高地点だけではなく、線路の最高地点も訪問したい。駅前の観光案内所で自転車を借り、観光チラシの地図を頼りに線路沿いを走る。約二〇分で「ＪＲ最高地点」の大きな看板が現れる。この脇にある踏切がＪＲの最高地点だ。ここは観光名所のひとつになっていて、訪問者を目当てにしたレストランやお土産屋さんもある。

駅から離れた場所だし、駐車場もあるのでクルマで訪れる人も多い。しかし鉄道名所にクルマで行くってどうだろう。JRも観光シーズンに臨時駅と自前の観光施設を作るくらいの商売っ気があってもいいと思うけど。

野辺山に、もうひとつの鉄道名所

最高地点見物のあと、今度は線路沿いではなく、国道一四一号線で戻る。最高地点の帰りとあって緩やかな下り坂。自転車も楽チンである。立ち寄ったところは野辺山SLランド。ここには小さなSLが動態保存されて、一周三五〇メートルの線路をゆっくりと周回する。SL三六二号は台湾のサトウキビ工場で活躍した機関車で、一九八六年から野辺山で余生を過ごしている。線路の幅は軽便鉄道規格の七六二ミリ。客車はトロッコタイプと屋根付きタイプ。一番前の席は視界が機関車の背中でいっぱいになるので、後ろの席がオススメだ。料金は大人三〇〇円、小人二〇〇円と、この手のアトラクションとしてはお手頃である。観光シーズン以外の平日は木曽森林鉄道出身のディーゼル機関車も走るという。

野辺山駅から再び小海線に乗って小淵沢《こぶちざわ》へ。今度の列車は一般型ディーゼルカーのキハ一一〇形だった。小海線は別名「八ヶ岳高原線」という。しかし八ヶ岳が見える区間は野辺山駅からJR最高地点までと、その先の一部区間だけ。JR最高地点からの下り勾配はほとんどが森の中だ。窓を開けたら気持ち良さそうだけど、最近の車両は空調が完備されため窓が開かない。そこがちょっと残念だ。

小淵沢駅着は一四時二三分。遅めの昼食は当駅名物の駅弁、「元気甲斐」を購入した。この駅弁は一九八五年に放送されたテレビ番組『愛川欽也の探検レストラン』で企画された商品だ。名物駅弁を作ろうと、料理評論家の山本益博氏、映画監督の伊丹十三氏などが監修し、京都と東京の料亭がレシピを作り上げた。命名は愛川欽也氏。この手の駅弁は期間限定ですぐに終わってしまうものだけど、「元気甲斐」は番組の終了後も人気が衰えず、今年で発売二五周年を迎えた。

中央線の風景を眺めながら駅弁を、と思ったら、立ち食いそば店で山賊そばの文字を見つけてしまった。そばの上に大きな山賊焼きが載っている。山賊焼きは甲州、信

野辺山SLランドの蒸気機関車。
台湾のサトウキビ工場で活躍していたという

州の郷土料理のひとつだ。大きな鶏の一枚肉を竜田揚げ風に調理する。学生時代を信州で過ごした私の好物である。これは見逃せないな、と注文した。衣にニンニクを使っていて香ばしい。ふとほかのメニューを見ると、「当店の肉そばは桜肉です」の文字。なんと、馬肉を使った駅そばとは珍しい。うーむ。こっちも食べたいけど、さすがに無理だ。

「元気甲斐」はかばんの中へ。夕食のお楽しみとしよう。

今回の電車賃

5040円
+1100円

JR東日本（新宿—立川）……450円
青春18きっぷ（1回分）……2300円
松本電鉄上高地線（松本—新島々）……680円
松本電鉄上高地線（新島々—松本）……680円
しなの鉄道（篠ノ井—小諸）……930円

野辺山観光宿泊案内所（レンタサイクル2時間）……800円
野辺山SLランド（SL乗車）……300円

第29鉄

吾妻線、噂の現場「八ツ場ダム」を歩く

日帰りで、各駅停車ならではの場所へ行こう、というわけで上野から高崎線を北上した。目的地は吾妻線《あがつません》。群馬県渋川市と同県吾妻郡嬬恋村《つまごいむら》を結ぶ路線だ。嬬恋村といえばキャベツなど高原野菜で知られている。酷暑の夏、嬬恋村ならきっと涼しいだろうと期待した。

吾妻線といえば「日本一短い鉄道トンネル」も有名だ。このトンネルは、二〇〇九年の政権交代で話題になった「八ツ場《やんば》ダム」の工事関連で廃止になる予定。今のうちに見ておきたい。

始発列車で高崎へ。幻の駅弁を食べる

休日は昼まで寝ている父が、ゴルフに行く日はとっても早起きだった。朝寝が大好きだった私は、そんな父を不思議に思った。しかし、自分がその父の歳になって分かった。自分が好きなことのためなら早寝早起きが苦にならないんだなぁ。それだけ遊ぶ時間が貴重

になったのかも……というわけで、朝四時に起きて始発列車に乗った。上野発〇五時一三分の高崎線に乗ると、高崎駅到着は〇六時五五分である。ふだんならまだ眠っている時間だ。そして約一時間半の車中は居眠りの連続だった。この居眠りもまた心地よい。

一番列車に乗った理由は、吾妻線の運行本数が少ないから。途中下車して見物するなら、なるべく早めに現地入りしないと日帰りは不可能だ。もうひとつの理由は、高崎駅で販売される幻の駅弁、「上州の朝がゆ」を食べるため。おかゆの駅弁は珍しい。朝だけ販売、しかも数量限定なので、日中の旅行者はまずお目にかかれない。だから幻の駅弁というわけだ。午前七時、改札の外で開いたばかりの駅弁屋さんで入手できた。

おかゆの駅弁「上州の朝がゆ」は数量限定販売

吾妻線は上越線の渋川から分岐する路線だ。しかしほとんどの列車は上越線に乗り入れて高崎駅から発着する。次の吾妻線の列車は〇七時二五分。駅弁は列車内で食べたいけれど、発車を待ち切れずにホームのベンチでいただいた。何しろできたてのおかゆだ。冷めてしまう前に食べたい。箱を開くと発泡スチロールの容器におかゆ。栗とむきエビが載っているだけのシンプルな内容。小さなパックには梅ペーストと漬け物と塩の小袋が入っている。まずはおかゆをいた

だく。エビのうまみがほんのりとご飯に移っている。そしておかゆに温められた栗の甘さも楽しい。栗とエビがなくなったところで梅ペーストを混ぜて、最後に塩を振りかける。おかゆにはシラスも炊き込んであり良い味。これで三五〇円とは良心的だ。

車窓から関東平野の境界を探そう

高崎から渋川までの車窓が楽しい。そろそろ関東平野の北限で、遠くに山並みが見えてくる。車窓右側は、平野と空の間に、ちょっと霞《かす》んだ赤城山が横たわる。反対側、左の車窓に視点を変えると榛名山《はるなさん》へと続く山たちだ。渋川から吾妻線に入ると、どんどん山が迫ってきて、広大な関東平野の端になる。

吾妻線の運行本数はだいたい一時間に一本。日中の普通列車はほとんど長野原草津口駅で折り返し。終点の大前行きは四往復しかない。もちろん単線で、閑散としたローカル線という印象だ。しかし沿線には温泉が多く、上野から万座・鹿沢口行きの特急草津が乗り入れる。今回は青春18きっぷの旅だから、地元の人々と同じ普通列車で旅をする。朝の下り列車にもかかわらず、地元の人々で満席。温泉地への通勤や、中学や高校へ通う若い人が多い。女学生のおしゃべりも賑やかだ。

渋川からふたつめ、金島駅の停車時間はちょっと長い。すれ違いの列車を待つからだ。後ろの席の女学生たちが歓声を上げる。反対側のホームに友達を見つけたようだ。その友達も彼女たちに気づいたようで、手を振っている。その娘がハッとするような美少女だった。もうすこし見ていたいと思っていたのに、上り列車に視野をふさがれてしまった。

平野と山岳の境界ってどんな様子なんだろう。車窓を眺めていると、ホームセンターを通り過ぎたあたりで水田が終わり、むくりと小山が並び始める。よ〜し、ここを関東平野の端っこに決定！　平野と山岳の境界は森林があったりして曖昧なところが多いけれど、吾妻線は見事に「平野の端っこ」を見せてくれた。

吾妻川に沿う車窓の美しさ

次の祖母島《うばしま》駅を過ぎ、トンネルを越えたら左側に席を移そう。ここから列車は吾妻川に沿って進む。吾妻川は利根《とね》川の支流で、群馬県と長野県の境に水源がある。曲がりくねった川で、線路に寄り添ったり離れたりを繰り返す。川幅の狭い谷間のため、水量が増大した場合は急流となって災害になると懸念された。そこでこの地の上流にダムが計画された。それが国家的事業「八ツ場ダム」だ。

岩島駅を過ぎると左手に真っ白なコンクリートの建造物が見える。これは吾妻線の新ルートの橋脚だ。八ツ場ダムの建設に伴って、川原湯温泉駅付近が水没する予定のため、岩島駅から長野原草津口駅までのルートを変更する。その工事が着々と進んでいる。長野原草津口駅の手前にも新しいコンクリート橋が見えた。八ツ場ダムは二〇〇九年の政権交代で話題になった「政争の地」。新政権が税金の無駄遣いだと工事中止を決めたところである。これに対して住民が反発していることも報じられた。ダム工事自体は中止されているけれど、付帯設備の鉄道と道路の工事は続いているという。

私はただの乗り鉄であって、政治を語る知恵もないし勉強もしていない。だからダム建設の是非については何も言えない。しかし、線路が付け替えられるとなれば無視できない。今の姿を見ておきたいし、新ルートがどうなるかも知っておきたい。そこで、八ツ場ダム事業の広報施設「やんば館」を訪ねることにした。

Ｗｅｂサイトの略地図などによると、「やんば館」の位置は長野原草津口駅と川原湯温泉駅のちょうど中間地点らしい。両駅の鉄道営業距離は五・九キロメートル。さてどうしよう。歩くか。しかし酷暑の夏、ここまで来ても気温は三〇度を超えている。

炎天下、水没予定地の約六キロメートルを歩く

長野原草津口駅には駅レンタカーを呼び出す専用電話があった。レンタカーは良いアイデアかもしれない。やんば館へ行き、さらに日本一短いトンネルも巡るならタクシーより安いだろう。しかし。私は今「青春18きっぷの旅」をしているのだ。なんとなくクルマに乗ったら負けではないかと思う。悩みつつ長野原草津口駅の駅前を眺める。有名温泉地の最寄り駅だけあって、立派なバスターミナルが併設されている。バス停というよりもバス

の駅という趣だ。昭和の温泉観光ブームという言葉が浮かぶ。

そのとき、心地よい風が吹いた。太陽は照りつけているけれど、風は涼しい。この風が吹くなら歩こうと思った。吾妻線と吾妻川に挟まれたこの道、国道一四五号線はGoogle Mapsに「日本ロマンチック街道」と書かれていた。調べてみると、長野県上田市から栃木県宇都宮市まで続くルートとのこと。そんな道路の愛称まで表記するなんて、Google Mapsはお茶目だなぁ。

太陽に照りつけられ、木陰でほっとして、と繰り返しながら延々と歩いていく。留守宅の民家の番犬に吠《ほ》えられたり、トラックが巻き上げる埃にむせたり。途中、農産物直売所を見つけて、そこの自販機で冷たいお茶とスポーツドリンクを購入。のどを冷やしながら吾妻川を覗いてみると、重機が一台だけ動いていた。未来の湖底の地ならしは細々と続いているようだ。直売所のおじさんに尋ねると、やんば館まであと一キロメートルちょっととのこと。道路標識の隣に電光掲示板があり、気温三三度を示していた。

Tシャツは汗で色が変わり、ジーパンまで汗が染み出し、搾ったら水が出そうな状態。それでも歩く。目的地があるから気力は続く。廃線になる予定の鉄橋で写真を撮ると気分転換にもなった。道のりのほとんどが下り坂で良かった。やがて上空に高くて長いコンクリート橋が見えた。あれも確か、八ツ場ダム問題で報道されていた橋である。テレビで見たときは橋桁《はしげた》だけだったけれど、その後、工事が進んで道路部分が組み上がったようだ。

この橋をくぐり抜けたところに、やんば館があった。入り口のそばにこの地域の模型があって、ダムと今の集落の位置関係が分かる。吾妻線の新ルートも表示されていた。車窓から見えた橋を渡った線路は、そのままトンネルに入る。長いトンネルを出て新しい川原湯温泉駅に着くと、また長いトンネルに入る。そのトンネルを出ると長野原草津口の橋に出る。つまり、新しいルートはほとんどトンネルの中で、現在のように景色を楽しめそうになかった。私がここまで歩いたルートも水没する予定になっている。忠実な番犬がいた家も、気さくなおじさんがいた野菜直売所も水没予定地であった。

やんば館の展示物はダム建設の構想や経緯のパネルが主だ。そこには予定地の人々の反対運動と和解、そして葛藤についても紹介されている。この建物は二階がある。その階段に「二階には展示物はありません」の貼り紙があった。それならなぜ二階建てなんだろう。いずれ水没する建物だというのに……。私はダムの是非を語る立場にないけれど、こういう無駄も反対派のツッコミどころかもしれない。

ダム問題はともかくとして、やんば館の駐車場では地元の人々が市を開いていた。冷たい水に浸かっているトマトが五〇円。「沈んでいるほうが甘いよ」と言われ、腕を突っ込んで取り出した。かじると確かに甘い。私の太ももより大きな夕顔の実が三〇〇円。カンピョウの原料だが、細かく切って豚バラ肉と炒めてもうまいそうだ。

さらに歩いて、日本一短いトンネルへ

冷たいトマトに元気をもらい、さらに歩き続けて川原湯温泉駅に到着した。やんば館の見学時間も含めて、一時間半も歩いた。駅舎で一五分ほど休憩して、また歩く。次の目的地は「日本でもっとも短い鉄道トンネル」だ。場所は川原湯温泉駅から約二キロメートル。照りつける太陽と流れ続ける汗。私の身体は郵便局のテーブルに置いてあるスポンジのようだ。どこを押してもジュワッと水が出るぞ。

今までの道より木陰が多く、ちょっとラクだ。このあたりは吾妻渓谷と呼ばれており、吾妻川沿いには遊歩道も整備されている。でもそこまで下りたら、また上ってこなくてはいけない。黙々と歩き続けること約二五分。歩道に小さく「樽《たる》沢《さわ》隧《ずい》道《どう》（日本一短いトンネル）」の看板があった。見上げればそこには確かにトンネル。もうすこし歩くと同じ看板があって、振り返れば反対側のトンネル入り口がある。確かに短い。時刻表を調べると、二〇分後に列車が通りそうだ。歩道に用意されていたベンチで休憩しつつ、そのときを待った。

日本一短いトンネルを通り抜ける

大変な思いでここまで来たというのに、電車はあっさり通り過ぎた。でも、電車一両より短いトンネルの姿を見られたから満足だ。

さあ、駅に戻ろう。ここまでは下り坂。つまり帰りは上り坂。最後の踏ん張りどころだ。駅まで行かなければ帰れない。今日は炎天下を約一〇キロメートルも歩いた。電車なら約一〇分のところを二時間も歩く。うーむ、これって「鉄道の旅」といえるのか？　でも、歩いただけの満足感はあったから、良しとしよう。

青春18きっぷ（1回分）……2300円

今回の電車賃

2300円

第30鉄

SLだけじゃない！魅力満載の大井川鐵道

東海道本線は熱海でJR東日本とJR東海に管轄が分かれるせいか、東京―静岡間で使えるおトクなきっぷがない。だから東京から静岡方面への旅に青春18きっぷは最適だ。その静岡には鉄道ファンの聖地ともいうべき大井川鐵道がある。SL列車を毎日運行していることで有名だが、大井川鐵道の魅力はSLだけではない。今回はSL列車の終点、千頭駅からもっと奥へ。トロッコ列車で井川ダムへ行ってみた。

元近鉄特急で始める大井川鐵道の旅

私が訪れた当時、大井川鐵道のSL列車は金谷駅を一〇時頃に発車していた。二〇一一年からSL列車は金谷には来なくなって、隣の新金谷駅発着になっている。青春18きっぷを使う場合、東京を早朝出発する静岡行きに乗り、金谷から新金谷まで大井川鐵道の電車に乗って、SL列車の時間にちょうど良い。金谷駅の大井川鐵道の窓口で「大井川自由キ

大井川鐵道は古い電気機関車も魅力的

ップ」とＳＬ急行券を購入する。大井川鐵道のＳＬ列車は全車指定席。電話かメールで予約できるけれど、予約なしでも空席があれば当日に指定券を購入できる。空席がない場合は、立ち席承知を条件にＳＬ急行券が発行される。

　これは大井川鐵道の運行本数が少なくて、一般所用客もＳＬ列車に乗車できるようにという配慮だろう。一人で行けばたいてい座れそうだけど、グループで行くなら予約がオススメだ。

　ＳＬ列車の発車を待つ間、時刻表を眺めていたら、一本前に普通列車があった。大井川鐵道の魅力はＳＬ列車だけではない。普通列車には近鉄、京阪電鉄、南海電鉄を引退した特急列車が使われている。ホームを覗くと、今日は元近鉄特急の一六〇〇〇系だった。関東に住む私にとっては珍しい車両だ。行き先はひとつ隣の新金谷駅だった。街から離れたＪＲ金谷駅と、街の中心を結ぶシャトル便らしい。この電車で新金谷駅に行った。室内は近鉄特急時代のまま。リクライニングシートでエアコン完備。花瓶に花が飾られている。大井川鐵道沿線の人々は、こんな列車で通勤や通学できるのか。うらやましい。

　新金谷駅は大井川鐵道の拠点となる駅だ。本社の社屋や検車工場、車庫もある。そこに元南海電鉄の二一〇〇一系電車の姿が見える。南海高野線の山岳地帯を走るために開発された電車で、平坦区間と山岳区間のどちらでも力強く走行できるため、ズームカーと呼ばれた電車である。ホーム付近にも留置線が数本あって、SL列車用の旧型客車が並んでいる。これは鉄道好きにはうれしい光景だ。一本前の電車に乗ってよかった。

旧型客車とSLで昭和の汽車旅体験

ホームの端で、金谷駅からやってくるSL列車を出迎えた。大井川鐵道には現役の蒸気機関車が五台あって、うち一台は休止中。今日の機関車はC五六形だ。大井川鐵道で唯一の炭水車付き機関車である。炭水車とは、機関車が使う水と石炭を積む車両のこと。駅での補給回数を減らせるため、長距離運転に適している。

実はこの機関車、太平洋戦争時代にタイに運ばれ、物資や兵員の輸送に活躍した。終戦後は現地に置き去りにされて、タイ国鉄が引き続き使っていた。現地での引退が決まったとき、大井川鐵道が引き取りを願い出て、一九八〇年から日本で復活した。二〇〇七年から二〇一〇年まで、タイ国鉄時代を再現した塗装になっていた。これは日本・タイ修好一二〇年を記念したからだという。タイの皆さんはご存知だろうか。

SL列車の最後尾には茶色の電気機関車がつながっている。この機関車はSL列車の応援役。大井川鐵道では、予約が多いと客車の数を増やして対応する。ただし大井川鐵道は勾配が多く、客車の数を増やすと蒸気機関車のパワーの限界を超える。そこで電気機関車が後押し役になる。この古い機関車も鉄道好きには興味深い。今日の機関車は五〇一形。「いぶき」と愛称がついている。かつて大阪のセメント工場と貨物駅を結んでいた機関車だ。この機関車の活躍もしっかり見届けたい。なぜなら、大井川鐵道は西武鉄道からE三一形電気機関車を三両購入したからだ。後押し役にも新旧交代の時期が近づいている。

冷房なしの旧型客車に涼風と煤が舞い込む

客車に足を踏み入れるとムッとした空気。酷暑にもかかわらずクーラーがない。冷房装置といえば、高い天井でくるくる回る小さな扇風機だけ。大井川鐵道は機関車だけではなく、客車もSL時代の車両なのだ。それは正しい。機関車だけ古くて、客車が新品なんてバランスが悪い。だから旧型客車は正しい。それは理解できるが、暑さは苦手だ。

いや、ここは前向きに考えよう。本来はこれがSL時代の夏の汽車旅だったんだ。SLの旅を体験するなら、こうでなくちゃ。そう思ってボックス型の座席に座った。窓に向かい、両腕を広げて、窓ガラスの隅にある爪切りのような金具を摑んでグイッと引き上げた。

ポーッと汽笛が響き、ちょっと時差があってから、ゴッゴッと音が聞こえて動き出す。するど、なんということだろう。窓から涼しい風が入ってくるではないか。駅のホームも暑かったはずなのに、これは意外。山の緑と大井川を伝わった風だ。汗に風が当たり、乾いていくときに体温を下げていく。扇風機に顔を近づけて「あー」と声を出すときのような、懐かしい涼しさだ。停車中の印象は覆り、快適になってきた。昭和の夏の汽車旅も、そんなに辛《つら》くなかったかもしれない。

車窓は濃い緑の山並み。そしてお茶畑。こんもり繁った丸い畝《うね》が連なっている。夏山の景色は全国で見られるけれど、静岡では山の中腹までお茶畑が作られて、独特の風景だ。ああ、やっぱり夏に来てよかった。そういえば、暑い暑いと話していた人々の声も静まっている。車窓に大井川が現れると小さな歓声が湧いた。川が見えると車窓も涼しげだ。

歓声が起きる場所はほかにもある。トンネルだ。トンネルに入るとまず年配の人々が窓を閉める。少し遅れて、若い人たちのグループも窓を閉める。蒸気機関車から吐き出された煙が、客車の窓から入り込むからだ。年配の方は分かっていらっしゃる。こういう体験こそ、SL時代の夏の汽車旅体験にふさわしい。そして大井川鐵道にはトンネルがたくさんある。始めは誰もが窓ガラスを上下していたけれど、窓ガラスは重い。そこで、誰かがブラインドスクリーンだけを下げた。実は、これだけでも煤《すす》よけには充分なのだ。これに倣《なら》って、ブラインド派が増えていく。そんな車内の風景も面白い。

トロッコ列車で絶景を行く

大井川鐵道沿線には温泉が多いから、途中駅で下車する人も多い。そこで空席に移動しながら左右の車窓を楽しめる。夏の山、夏の川の風景を満喫しつつ約一時間。SL列車は千頭駅に到着した。SL列車の旅はここで終わり。SL目的の人々はここで折り返してしまうけれど、大井川鐵道の魅力はここまでようやく半分。ここから先、井川ダムまではトロッコ列車の井川線が通じている。こちらは小さな客車で行く森林と渓谷の旅だ。

井川線は井川ダム建設の資材輸送と建設従事者の通勤のために作られた路線とのこと。途中の駅では資材輸送用の貨車も見えた。ほとんどがトンネルと鉄橋で、トンネルとトンネルの間に渓谷の絶景がある。油断できない車窓である。どこをとってもいい景色だが、オススメの車窓は三つ。すべて車内放送で告知してくれるので、見逃す心配は無用だ。

ひとつめはアプトいちしろ駅と長島ダム駅の間。ここは日本で唯一のアプト式線路を使っている。アプト式とは、線路の間にギザギザ歯のレールを敷いて、機関車側の歯車を噛み合わせて進む仕組み。急勾配を克服するための技術で、かつては信越本線の横川―軽井沢間にもあった。碓氷《うすい》峠を越えるためだ。その碓氷峠では車両の性能が向上し、ルート変更を経て一九六一年にアプト式は廃止された。そして一九九〇年、二七年ぶりに大井川鐵道がアプト式を採用した。長島ダムを建設する際に井川線のルートを変更する必要があり、一キロ進むたびに九〇メートル上昇するという急勾配ができたからだ。

井川線の列車がアプトいちしろ駅に着くと、後部にアプト式区間用の電気機関車が連結される。この機関車に押される格好で急勾配を上がっていく。これだけでも珍しい景色だけど、車窓右側の大井川沿いは広々として良い景色だ。

井川線はダムの建設資材輸送のために作られた

この区間のクライマックスは長島ダム。大きなコンクリートの壁が現れる。その壁の手前には長い吊り橋。あそこから放水を眺めたら面白そうだ。

ふたつめは奥大井湖上駅だ。井川線の列車は鉄橋を渡り、長島ダムに浮かんだ島の駅に着く。実は島ではなくて、突き出た対岸である。ここから始まるハイキングコースが人気で下車客も多い。また、この駅を挟んだ鉄橋は「レインボーブリッジ」と呼ばれていて、井川側は鉄橋の脇に歩道もある。この橋からの風景がいい。たっぷりと水を蓄えた静かな水面の向こうに、ダム建設で付け替えられる前の線路が見える。

三つめは尾盛駅の先にある関の沢橋梁だ。川の底から線路までの高さが一〇〇メートルある、日本一高い鉄道橋である。井川線のほとんどの列車は、ここでサービスのため徐行運転してくれる。時間にゆとりがあるときは停車までしてくれる。停車すると列車の走行音が消える。絶景と静寂に包まれて、異世界に迷い込んだような気分になる。

尾盛駅はダム工事労働者の街があった。しかし今は人家も何もない秘境駅として有名になり、散策しようとして降りる人も増えたらしい。私が乗った列車からも降りる客がいて、車掌さんに「必ず次の列車に乗ってください」と念を押された。去年は熊が出たそうだ。

東京から各駅停車で日帰り可能

井川線の終点は井川駅。付近にはお土産屋さんと井川ダムしかない。井川ダムは水力発電のために作られたダムで、管轄は中部電力だ。管理事務所のそばに井川展示館という見学施設がある。展示物によると、井川ダムは日本初の中空重力式コンクリートダムとのこと。中空重力式は、ダム堤の内部に空間を作り、コンクリートの量を節約する工法だそうだ。その中空部分の空間を利用して『ヘブンズ・ドア』という映画のロケが行われたという。主演は長瀬智也。ダムは悪の組織の秘密基地という設定だったそうだ。ダム内部を見学できる機会は少ないというから、堤の中を見たい人は映画をチェックしよう。

井川ダムの堤からの風景を眺めて井川駅に戻る。列車の走行中は風を受けて涼しかったが、井川駅周辺は暑かった。湿気も多く、汗が止まらない。土産物屋には食堂が併設されていて、地元で採れたシイタケの天ぷらそばが名物のようだ。さっそくそれを頼んでみたら、熱い汁そばが出てきた。「冷たいざるそばに天ぷらがついてくる」と思っていただけに泣きそうな気分。シイタケの天ぷらはおいしかったけれど、寒い時期のほうがもっとおいしいはず。

一六時ちょうどの千頭行き、これが井川線の最終列車だ。この列車から大井川本線の電車に乗り、金谷で東海道線の上り列車に乗り換える。そのまま何度か乗り継いでいけば、その日のうちに東京駅に着く。やれやれ、今日も暑かった。あとは居眠りでもしながら電車に揺られて……と思ったけれど、時刻表を調べると最終列車にはまだ時間がある。そこで東静岡駅で途中下車。「等身大ガンダム」を見物した。夜のガンダムはライトアップされていた。お台場のガンダムを見たときは早朝だったから、違う雰囲気のガンダムを見られて満足だ。このガンダム、二〇一一年の三月二七日まで立っていたそうだ。二〇一三年現在、東京・お台場のガンダムミュージアムのシンボルとなっている。

青春18きっぷ（1回分）……2300円	今回の電車賃
大井川鐵道（大井川自由キップ）……3620円	9280円
大井川鐵道（SL急行券）……800円	
大井川鐵道（千頭―井川）……1280円	
大井川鐵道（井川―千頭）……1280円	

※参考
大井川鐵道（大井川・あぷとラインフリーキップ）
3月20日～12月10日は5400円、12月11日～3月19日は4200円。

第31鉄

日本一のモグラ駅をズルい方法で訪ねた

夏の東京はとにかく暑い。気晴らしに涼しいところへ出かけたい。涼しいところといえば山のてっぺんかトンネルの中だ。そこで今回は東京から日帰りで行ける鉄道名所をご案内。目的地は上越線の土合駅だ。土合駅は改札口からホームまでの高低差が八二メートルもあり、日本一のモグラ駅という異名がある。谷川岳への登山口でもあり、鉄道ファンや登山家、旅行好きによく知られている駅である。

近年では映画『クライマーズ・ハイ』の冒頭に登場した。堤真一が演じる主人公が電車を降り、四八六段の階段を上った駅だ。登山家なら足慣らしにちょうどいいかもしれない。でもさすがにこの階段はキツイ。なんとか階段を上らずに訪れる方法はないものか。

高崎駅は、構内配線も駅弁も楽しい

第29鉄の吾妻線の旅と同じく、上野発の各駅停車で高崎へ向かう。上野—高崎系統の普通列車は窓に背を向けたロングシートの二一一系と、一部がクロスシートのE二三三系がある。ロングシートは通勤電車っぽくて寂しいと思ったら、E二三三系を待つか、新宿からE二三一系の湘南新宿ラインで高崎へ行く方法もある。今回は始発列車に乗らなくても日帰り可能だから、無理して上野から始発に乗らなくても大丈夫だ。クロスシートのほうが旅の気分は盛り上がる。首を後ろに回さなくても景色を見やすいしね。

　高崎からは上越線の水上行きに乗り換えだ。乗り継ぎの時間を利用して駅弁を調達。今回は「チャーシュー弁当」にした。ご飯の上に地元の豚肉、榛名ポークの焼き豚がビッシリと並んで、お値段は納得の八〇〇円。高崎駅の駅弁屋さん「たかべん」は品数が多くて、弁当選びも楽しい。有名なだるま弁当も朝がゆ弁当もたかべん製である。

高崎駅名物「だるま弁当」のハローキティバージョン

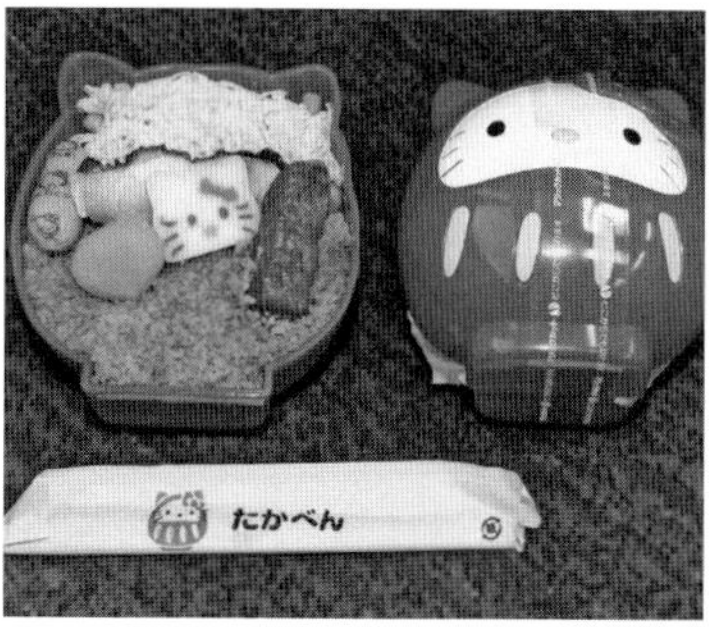

　駅弁の魅力もあって、高崎駅は私の好きな駅のひとつ。列車が高崎駅に近づくと、並んだ線路の数がどんどん増えて駅構内が広がっていく。線路はポイントが絡み合うように並び、上越線、信越本線という幹線級の路線が分岐する。新幹線のがっしりとした高架も寄り添う。上信電鉄のかわいい電車や貨車、機関車も彩りを添えている。周辺部はのどかな田園で、駅周辺だけが大きな街、という雰囲気もいい。都心のターミナルには及ばないけれど、地方豪族の居城のような貫禄がある。

上越線で水上へ、ちょっとズルしてバスに乗る

午前七時台の水上行きはかなり混んでいて、弁当を開くには勇気がいる。車窓左手は利根川沿いの田園地帯で、線路の高度が上がるにつれて街並みが広がって見えた。遠くの山並み、右手に榛名山を望む。イチゴ農園のビニールハウスがいくつか見える。今はクリスマスケーキ用を栽培中かな。

トンネルを過ぎると車窓左手に利根川が寄り添った。晴天と輝く川面。東京から各駅停車を乗り継ぎ、二時間ちょっとでこんな景色に出会えた。

沼田で高校生の皆さんが降りて、車内が静かに。そして私の向かいも空席になった。水上までは約二〇分。すみやかにチャーシュー弁当をたいらげる。冷めてもうまい、が駅弁の至上課題。焼き豚は柔らかく、脂身は口の中でとろける。付け合わせの舞茸わさび和えを含むと、さわやかな香りが広がった。

水上駅で下車。目的地の土合駅は各駅停車に乗り継いでふたつめの駅。次の列車は約一時間後だ。その列車で行くと、望み通りにトンネルの中の土合駅ホームに着き、堤真一さん気分で階段を上れる。しかし、四八六段である。トンネル内は涼しいだろうけれど、上り階段はキツイ。できれば上らないで駅舎に行きたい。

そこでズルい方法を思いついた。実は土合駅のトンネルホームは下り線だけ。上りホームは地上にある。だから、下り列車で降りずに、ひとつ隣の土樽《つちたる》へ行き、上り列車で戻れ

ばいい。青春18きっぷは乗り降り自由だから、割増料金もいらない。

ところが上越線の各駅停車はとっても少なくて、土樽駅に行くと、上り列車を二時間も待たなくてはいけない。のんびり各駅停車の旅とはいえ、これでは時間がもったいない。そこで時刻表をひっくり返すと、巻末ページに都合の良い路線バスを見つけた。水上駅から出発し、土合駅を経由して谷川岳ロープウェイ乗り場行きというバスだ。青春18きっぷの旅で、しかも鉄道の名所を訪ねようという目的にもかかわらず、バスで行くとはどうかと思う。だけど、この機会に谷川岳ロープウェイも乗っちゃおう。

このバスは国道二九一号線、通称、奥利根ゆけむり街道を行く。鉄道だとこの先はトンネルばかりだけど、バスはのんびり山道を行くので良い景色。車内には電車内で見かけた若い女性グループも乗っていた。谷川岳に行く一般的なルートはバスのようだ。土合駅の階段を上るのなんて、きっとウォーミングアップする登山客くらいだろう。

谷川岳リフトは下りのほうがスリルたっぷり

バスの窓から土合駅を眺めて、終点のロープウェイ土合口駅へ。トンネル駅は日が暮れてから行ってもいいから、眺望の良いロープウェイを先にした。谷川岳ロープウェイは延長約二三〇〇メートル。ゴンドラより広い間隔の二本のケーブルを使い、ゴンドラの屋根から外側にアームが伸びて摑む。映画『スター・トレック』に出てくる宇宙船のようだ。

ロープウェイは駅構内と駅間では使うケーブルが違うようだ。ゴンドラは構内用の真っ赤なレールにぶら下がってやってきた。乗り込むと構内を進み、空に出るところで、両脇の下から空中用のケーブルが出てくる。ゴンドラのアームがケーブルを掴むと、いきなり速度が上がって空中に放り出される感覚。宇宙船が射出されるような感じだろうか。

大きなゴンドラは定員二二名。私とお年寄りの四人組が乗っている。「暑いなあ」の声。このゴンドラはガラス張りで、空中では直射日光を浴びっぱなし。天井近くの小さなスキマから、窓ガラス伝いに風が下りてくる。ここに場所を取らないとキツイ。

地表がどんどん遠ざかり、五七三メートルも上がって天神平駅へ。ここには大きな観光施設があって、レストランや土産物屋もある。駅弁のおかげで満腹だからレストランには行かない。さらにその先を目指し、ペアリフトに乗って、さらに二〇〇メートルほど高い天神峠へ。所要時間は七分。むき出しのリフトは斜面にあって、足下の数センチ下は地面。これなら落ちても安心と思いつつ、高原植物の花を愛でながら上っていく。猛暑のせいか時期が遅いのか、ニッコウキスゲと名前が分からない紫の花が少々ある程度だった。

リフトの頂上、天神平駅の屋上が展望台になっていた。ここから三六〇度の視界を楽しめる。谷川岳山頂は霞んでいた。こちらは穏やかな風だけど、あちらは強く風が吹いている様子。谷川岳山頂はトマの耳とオキの耳というそうだけど、もうすぐ見えそうで、また霞《かすみ》に隠れてしまう。ここから谷川岳山頂まではたった三キロメートル。街歩きの感覚だと二時間で往復できそうな距離だ。尾根伝いの道もよく見える。しかし、そんなに甘くはないだろう。トマの耳は標高一九七七メートル。ここから四〇〇メートル以上も高い。高低差は東京タワーより大きい。一時間で東京タワーを上れるだろうか。どうかな。

谷川岳山頂のこちら側はなだらかだ。しかし山頂の向こう側は一ノ倉沢。険しさで知られている。ザイルに吊られたまま白骨化した遭難者が見つかるとか、宙吊りの遺体を下ろすために一〇〇〇発以上の弾を撃ってザイルを切ったという逸話もある。

途中まで歩き始めて、そんな話を思い出して踏みとどまった。私はしょせん、スニーカーを履いて電車に乗って遊んでいるだけだ。上りは安心していたリフトも、下りは足元と地面が遠く、生身で空中に放り出された感覚でスリルがあった。これくらいで怯えているようじゃ山には行けない。山に登る人は偉いなあ。

スキー場としても知られる天神平は、冷たい風が吹いていていた。ただし風が止むと太陽が照りつける。暑い。ここのほうが地上より太陽に近いせいだろうか（笑）。ロープウェイの土合口駅まで下りて、何か冷たいものをと食堂に行くと、ショウガ味のかき氷を見つけた。調理主任の考案で、ガムシロップに生のショウガをすり下ろし、味を調えたという。面白そうなので食べてみた。ひとくちめはほんのり甘くて、だんだんショウガの香りが強くなる。最後に下に残った汁を飲み干したら、漢方薬かと思うほど刺激的。元気が出た。

「日本一のモグラ駅」へ徒歩で行く

ロープウェイ土合口駅から下り坂を歩く。時刻表巻末の記述によるとJR土合駅までは徒歩一五分。木陰の多い道で涼しい。途中、バスに追い越された。あれに乗ってもよかったな、と思ったけれど、歩けばそれなりに発見があるものだ。道路脇に彫刻が並ぶ広場があり、休憩して眺めると、息子を遭難で失った芸術家が建てたという「山の鎮の像」だった。そのそばには大きな慰霊碑。僧侶であり小説家であった今東光《こんとうこう》が贈った「寂静」の文字と、その由来が書かれていた。

『クライマーズ・ハイ』で堤真一さんを乗せたクルマが通ったトンネルがあった。徒歩で通り抜けると橋があり、そこから見下ろせば滝がある。この付近は天然記念物「ユビソヤナギ」の群生地という看板もあった。とても珍しい絶滅危惧種《きぐしゅ》で、採取すると罰金とのこと。でもどれがその木か分からない。バスに乗ったらこんな発見はできないな。

その先に道路の上をまたぐ小屋のような不思議な通路があって、なんだろうと思いつつ歩き続けると土合駅前の広場に出た。クルマが数台停まっていたけれど、駅の利用客ではなく、土合駅を見物に来た人らしい。列車の来ない時間帯だ。駅舎から出てきた人が車で去っていく。ここまで、写真を撮りながらのんびり歩いて二五分ほどかかった。

土合駅は三角屋根のかわいい姿。出入り口に「日本一のモグラ駅」と書いてある。今は無人駅だが、かつては駅員さんがいる駅だった。下りホームはトンネルの奥底だから、下り列車の改札は発車一〇分前に打ち切られた。それは時刻表にも明記されていた。私は子供の頃、時刻表を眺めていて、その表記を不思議に思っていた。のちに鉄道趣味の本で土合駅が紹介されており興味を持った。最初に訪ねたときは高校生で、発売されたばかりの青春18きっぷを使った。当時は「青春18のびのびきっぷ」という名前だった。あのときは下りホームから階段を上がってきた。若かったなあ。

自動販売機だけが活躍する無人駅。しばらく待合室で休憩する。映画の効果もあるのか、ときどきクルマで見物に来るグループがいた。無人駅だから見学は無料だ。トイレがあって、飲み物も買えてベンチがある。ドライブの休憩にピッタリの場所。でも、電車で来てほしいなあ、と思う。自分がバスと徒歩で来たことは棚に上げている。

先に地上の上りホームを見物する。青空の下、さわやかな風が吹き抜けた。二両編成の電車がやってきて、数人のお客さんが乗り降りした。次の電車は三時間後だ。上越線が単線で開業した当時は、こちらに上下の列車が発着し、列車のすれ違いも行われたらしい。今は線路一本、ホームも一本だけになっている。線路が撤去された跡地が寂しい。

四八六段の階段を下り土合駅地底ホームへ！

上越線を複線化するときに、新しい下り線のために長大な新清水トンネルを掘り抜いた。その途中に土合駅下りホームを作った。これが日本一のモグラ駅の由来である。では、四

優等列車が減ったため待避設備がなくなった

八六段の階段を下りてみよう。改札口を左へ、通路の突き当たりをまた左へ。長い屋根付きの通路が続く。窓の景色が良くて覗きながら歩いていたら、下に国道が通っていた。さっきヘンな通路だと見上げたところだ。土合駅は深さばかりが話題になっているけれど、上りホームと下りホームの間に国道が通っている駅でもある。これも珍しい。

通路で二四段を消化して、長い階段は四六二段となった。長さは三三八メートル。階段の奥底を見下ろして深呼吸して、ゆっくりと下りていく。寺社の参道などとは違い、五段ごとに広くなっている。勾配は緩い。まっすぐな階段で、ゴール地点が見えるから励みになる。「何事も目的地が見えれば前に進む気力が湧くものだな」などと悟りを開く心境だ。上ってくるグループと

日本一のモグラ駅として知られる「土合駅」

三回ほどすれ違った。列車は来ない時間帯だから、見物に来て、階段を下って、また上ってきたようだ。元気だなあ。お疲れ様です。

地底のホームは期待通りヒンヤリとしていた。気温が低くて湿気があるから、トンネルの奥は霧が立ち込めている。冷気を避けるために待合室とトイレがあるから、長い待ち時間も安心だ。ホームの形は映画の場面とはちょっと違う。トンネルの壁沿いのホームの隣に、新ホームが作られた。もともと線路が二本並んでいて、奥の線路は通過列車用。特急列車が各駅停車を追い越せる構造だった。昔は新潟行きや金沢行きの特急列車が頻繁に通った路線だ。新幹線が開業して特急が減った現在、この駅での追い越しはなくなった。

ホームには一〇人ほどのお客さんがいた。列車の発車時刻が迫る。かすかに、コーという音が聞こえて空気が動き出す。列車がトンネルに入ると、トンネルの中の空気がトコロテンのように出口へ追い出される。それが原因で風が吹く。立ち込めた霧が動き出し、どんどん音が大きくなり、風も強くなる。遠い闇の向こうからヘッドライトが見えて、列車が姿を現し、霧をかき散らして停車した。幻想的な場面である。

意外にも二〇人ほど降りた。この階段を

上りたいのだろうか。下り列車で見物に来る人も多いようだ。いや、東京方面から素直に訪れたらこうなるのだけど。

二両編成の電車は混んでいて座る場所もない。次の土樽で降りてもいいけれど、上り列車との待ち時間が空きすぎるから、その次の越後中里まで乗ってみた。ここは駅とスキー場が隣接する珍しい構造になっている。街側に駅舎があり、ふだんはこちらが使われている。しかし反対側の斜面側にも小さな駅ビルがあって、壁面にスキーセンターと書いてあった。駅前から何本もリフトが通じ、線路に向かってスキーヤーが下りてくる様式だ。ホームの先端まで歩くと、旧型客車がたくさん停まっている。廃車した車体をスキーヤーのための無料休憩所として転用しているようだ。

跨線橋から見渡せば、遠くの山が禿《は》げている。ガーラ湯沢スキー場だ。開発されなかった山を見れば、濃い緑の中に赤い樹木も見える。ここは新潟県、日本海側だ。太平洋側は終わりの見えない酷暑だけど、こちらはもう秋の気配が近づいている。ホームにたたずめば、静かな山間の駅……というわけでもなかった。シュー、シューと遠くから音が響いてくる。街の向こうの関越自動車道からだろうか。「そういえば上越新幹線はどこだろう」とスマートフォンに地図を表示させた。このあたりは長いトンネルの途中だった。新幹線からでは、このあたりの景色は見られない。

水上からここまで、下り列車は延長一三・五キロメートルの新清水トンネルをまっすぐ走ってきた。一方、上り電車は旧線を走る。越後中里を出ると、隣の土樽までの間にループ線がある。急勾配を避けるために線路を周回させる仕組みだ。もっとも、ほとんどトンネルの中なので実感はない。上り線のループ線はもうひとつ、土合駅と湯檜曽《ゆびそ》駅の間にもあって、こちらは車窓右手に湯檜曽駅を見下ろせるから高低差が分かる。当たり前だけど、車窓は新線より旧線のほうが楽しい。トンネルが少ないし、ループ線もあるからだ。

　上越線の車窓は各駅停車ならではの景色。新幹線は全長約二二キロメートルの大清水トンネルを通り、瞬時に通過してしまう。新幹線は速くて便利。だけどそれと引き替えに上越国境の車窓を失ってしまった。もちろん新幹線でしか見えない景色もあるだろう。でも、スピードと引き換えに失った景色のほうが趣があるような気がする。青春18きっぷは、そんな美しい景色への招待券といえそうだ。

青春18きっぷ（1回分）……2300円

関越交通バス（水上―谷川岳ロープウェイ）
……650円
谷川岳ロープウェイ（往復）……2000円
天神峠ペアリフト（往復）……700円

今回の電車賃

2300円
+3350円

第32鉄

富士山外周、山北駅のD五二とB級グルメを訪ねる

地図を眺めて線路を指でなぞってみる。どんなルートで列車に乗ったら楽しいかな。単純に往復しても面白くないから、ぐるっと周回してみようか。東海道本線で西へ向かい、どこかから北上して中央本線で戻ってくる。さてどこで北に向かうか。南武線、横浜線では近過ぎてつまらない。相模線もまだまだ近い。

次は身延線か。富士駅から北へ向かって甲府へ出られる。うん、これが良さそうだ。東海道線だけではなく、途中から御殿場線に寄り道してみよう。なんとなく、富士山の周辺を巡る感じだ。今回の旅はこれで決まり。

東海道本線、運転台の後ろで眺望を楽しもう

始発電車で元気良く出かけようと思ったのに、目覚めたら八時。遅くなったけど、途中下車の回数を減らせばなんとか一日で回れそうだ。

東京駅〇九時〇五分発の快速アクティー熱海行きに乗った。発車間際に乗ったため空席はなし。こんなときはどうするかというと、先頭車へ行き、運転席の後ろに立つ。列車の進行方向の眺めは楽しい。子供や鉄道ファンではなくても、先頭車に乗ったら前を見るという人は多いはず。特に東海道本線の東京—大船間は面白い。京浜東北線を追い越し、新幹線に抜かれ、多摩川を渡れば京浜急行と競争だ。鶴見付近で貨物線や新横須賀線の線路が合流したり分岐したり。横浜で相模鉄道も見える。観音様が見守る大船までは横須賀線が並び、大船駅を出ると鎌倉総合車両センターがあって、成田エクスプレスの電車が待機している。その先もずっと貨物線と並ぶ。すれ違う列車の種類も多くて飽きない。

東京駅から一時間ちょっとで国府津駅に到着する。ここも電車の基地があり、湘南新宿ラインの折り返し駅としても知られている駅だ。ひっそりとした駅構内に、一五両編成のE二三一系が三本も停まっている。その間に挟まれて、見慣れぬ白い電車が停まっていた。JR東海の三一三系だ。これが御殿場線の電車だ。御殿場線は国府津から分岐して、沼津でまた東海道本線と合流する。東海道本線を直行するより面白そうだ。

御殿場線はJR東海の管轄で、三一三系は二両編成のワンマン運転である。ロングシートは地元のお客さんで埋まっていたので、またしても運転台の後ろに立つ。発車すると、いくつもある線路のうち、中央の高架線を上っていく。この線路は複線のように見えるけれど、左側は国府津車両センターへの入出庫用線路、右側が御殿場線である。私が乗ってきた東海道線のE二三一系も入庫するため走り出した。ふたつの列車が仲良く並んで同じ方向に走っている。なんとなく愉快である。

御殿場線山北駅、日本最強の蒸気機関車が眠る

御殿場線は単線で、大動脈の東海道本線に比べると閑散としたローカル線だ。しかし、こちらが開業当初の東海道本線であった。明治時代の鉄道技術では〝天下の険〟の箱根の山を越えられなかったため、足柄、御殿場を迂回するルートとなったという。一九三四年に熱海側で丹那トンネルが開通して、東海道線は現在のルートになった。支線となった御殿場線は複線だったけれど、太平洋戦争の物資不足で線路をはがされ単線になった。現在も、トンネルや鉄橋に複線時代の名残が見られる。

箱根の峠を迂回した御殿場線ではあるが、こちらも決して平坦な線路ではない。国府津を出ると緩やかな上り坂が続く。線路脇の勾配標を見ると一〇前後の数字が書いてある。これの数字の単位はパーミル。パーミルは「%」に0をくっつけたような記号「‰」を使って表す。日本語だと「千分率」。

道路の勾配は百分率の%を使う。鉄道では千分率を使う。一〇パーミルの勾配とは、一〇〇〇メートル進むと一〇メートルぶんの高度が変化するという意味だ。一〇パーミル程度だとなだらかな坂道で、ほとんど平坦に見える。しかし蒸気機関車にとっては「がんばらなくちゃ」と気合いを入れるべき坂道になる。

この先の御殿場付近では二〇パーミルを超える。そうなると、気合いだけではどうにもならない。蒸気機関車を二台、三台とつないで、力を合わせて上らなくてはいけない。黒くて巨大な蒸気機関車は、見るものに力強い印象を与える。しかし電気機関車や電車に比べると、意外にも登坂力は弱い。大井川鐵道のSL列車も数両の客車を牽くために電気機関車を添えなくてはいけない。峠の迂回路である御殿場線も難所だらけだ。

その難所の名残ともいうべき場所が山北駅である。ここから先が急勾配区間になるため、下り列車はこの駅で補助用の機関車を増結した。峠を越えた上り列車の機関車もここで切り離した。特急つばめのスピードアップのため、走行中に補助機関車を切り離すという神業も行われたという。山北は、そんな軽業師と峠の機関車の基地であった。

山北駅周辺は、そこに勤務する鉄道員たちのおかげで形成された街。門前町ならぬ駅前町であった。当時は多数の機関車や整備場があったという構内は、現在は縮小され、住居や公園として整備されている。その公園に当時の蒸気機関車が保存されている。

駅舎を出ると左右に商店街が延びている。左の道を進み、さらに左に折れて線路沿い

鉄道公園で保存されているD52形蒸気機関車

を伝っていく。地面が高く、線路が低い位置にある。線路の勾配を緩めるために切り通しを作ったのであろう。その線路の向こうに小さな公園があって、蒸気機関車の姿が見えた。緑に囲まれた、まるで庭園のような橋を渡る。ここからだと通過する列車がよく見える。時刻表をめくると、新宿行の特急あさぎりが来そうだ。カメラを構え、待ち続けて数分後。流線型のスマートな電車が足元を通り抜けた。山北駅も通過していく。あさぎりは松田駅付近から短絡線を経由して小田急線に入り、新宿へ向かう列車である。

公園に保存された機関車はD五二形だ。Dは動軸が四つ、五〇番台の数字は炭水車を連結した大型機関車を示す。D五二形は蒸気機関車の代名詞ともいうべきD五一形(デゴイチ)の改良型で、国鉄史上最強の機関車であったという。

ボランティアのお年寄りが清掃作業をする中、別の老人が鉛筆で機関車の絵を描いていた。私はその周りで遠慮がちにいくつか写真を撮り「お邪魔しました」と挨拶して辞去した。D五二形は屋根のある良い環境で保存されていたけれど、写真に収めようとすると、その屋根と柱が邪魔になる。帰りがけに鉛筆画を覗くと、そこには屋根も柱もなく、今にも走り出しそうな機関車の姿があった。写真より絵のほうが真実の姿に近い気がする。

身延線、製紙の街とB級グルメ

再び列車に乗って沼津へ向かう。列車は酒匂川《さかわ》に沿っている。茶色に濁った流れで、上流はきっと豪雨だろう。遠くを見渡すと山に霧がかかっている。残念な景色だけれど、途中でJR東海の試験車両とすれ違うなど退屈しない。晴天なら御殿場あたりから富士山が見えるはず。しかし残念ながら今日の富士山は霧の向こうだ。

御殿場駅は富士山と箱根観光の基地である。ここで乗客がごっそり降りて車内が寂しくなった。垂れ籠めていた雲が少しずつ薄くなり、青空も見え始めた。近いところに視線を移せば、線路沿いの看板の様子が変わってきた。御殿場までは観光要素のある看板を見かけたけれど、このあたりは病院の看板だらけだ。

御殿場線の終着駅、沼津で東海道本線と合流した。広い構内には留置線が数本あって、あさぎり号がたたずんでいた。小田急電鉄の御殿場線乗り入れの歴史は古く、一九五五年からだ。当時の御殿場線は非電化だったため、小田急電鉄は御殿場線に直通するために、わざわざディーゼルカーを製造したという。

富士駅から身延線に乗り換える。相変わらず富士山は見えず。しかし、車窓にはこの地域独特の風景が広がっている。大中小の企業の製紙工場がいくつも並び、それらの工場の設備を請け負う鉄工所があって、罫紙《けいし》用インク工場の看板が見える。もちろんそれらの工場で働く人々の住まいもあって、大工業地域の様相だ。富士はもともと和紙の原料ミツマタの産地だったという。そのルーツは平安時代まで遡るといい、鎌倉時代から駿河半紙のブランドが確立していた。その後、日本の文化の発展と連動するように紙の需要が増えた。富士の人々はミツマタを増産し、富士山からの水の恵みもあって製紙業が発展していく。

製紙工場は鉄道貨物のお得意様で、JR沿線では製紙工場をよく見かける。苫小牧や室蘭などは巨大な城のような工場がある。しかし、身延線沿線のように製紙関連だけの工業地帯は珍しいと思う。それは前記のような紙の街としての歴史に起因している。明治時代以降から現在までのような、大企業が空き地を探して工場を構える構図とは異なる。

製紙工業地域が終わると富士宮駅。B級グルメとして有名な富士宮やきそばの街である。さて、どこで食べようか、と改札口を出ると、その正面に富士宮やきそばの店があった。富士宮やきそば学会のアンテナショップとのこと。便利だ。さっそく大盛りを注文した。この店では富士宮やきそば味のスナック菓子や、富士宮やきそばハンドブックという冊子もある。冊子によると、富士宮やきそばの歴史は古く、街おこしのために無理矢理作り出されたわけではない。当地ではもともとやきそばをラードで作る習慣で、具材として天かすを使っていた。これが転じて肉の脂身（肉かす）を使うようになったという。

そういえば、一九九〇年代に富士スピードウェイのスタンドで食べたやきそばもラードで調理していた。あのやきそばの発展型が富士宮やきそばだろうか。B級グルメの仕掛け

B級グルメブームのきっかけとなった富士宮やきそば

人、富士宮やきそば学会の活動記録も面白い。焼きうどんで街おこしを企画した北九州市でのイベントは「天下分け麺の戦い」、焼きそば街おこし仲間の群馬県太田市、秋田県横手市とのイベントは「三者麺談」。こうした活動が現在のB−1グランプリにつながる。B−1グランプリを企画した愛Bリーグの会長は、富士宮やきそば学会の会長でもある。

身延山を見上げ、富士川に沿う

お腹いっぱいの充実感。甲府行きの電車に乗った。三一三系電車は通勤形のロングシートと近郊形のセミクロスシートの二種類があって、身延線では両方のタイプが走っている。富士宮まではクロスシートだった。今回はロングシートである。クロスシートのほうが旅らしい気分になると鉄道ファンや旅人に人気だけど、私はロングシートも嫌いではない。空いているときに限られるとはいえ、シートに座り、向かい側の窓を見ると、窓ガラスが連続して大きな視界が開けている。窓枠や扉がフィルムのコマのつなぎ目に見える。

西富士宮を過ぎてしばらく走ると平野部が終わり、谷の景色が始まる。富士山の懐に入ったような感覚だ。車窓右手は山の斜面で、ここからは晴天でも富士山は望めない。しかし左側の車窓がいい。身延線はここから富士川に沿って谷を上っていく。晴天ならきっと美しいだろう。でも、霧に煙る谷の景色もまたいい。静かで、寂しげで、隠れた山頂に神がすんでいそうで。列車の窓ガラスの一枚向こうに荘厳な空気を感じる。

その佇まいは昔も今も変わっていない。鎌倉時代、日蓮の教えに帰依した南部実長《さねなが》という武士が身延山中腹に草庵を作り、鎌倉幕府に迫害された日蓮をかくまったという。その草庵はその後、日蓮によって妙法華院身延山久遠寺と名付けられた。身延山は身延線身延駅を出るとすぐに左手に現れる。奥の院がある山頂は灰色の雲で覆われていた。大切なものを守るために、そこだけ雲が隠したような景色である。

身延山が車窓から消える頃、山頂を囲んでいた雲の上から太陽が現れた。ビックリするほど場面が変わって快晴である。山も、森も、水田の稲も鮮やかに輝き出す。これが車窓という「動く絵画」の面白さ。富士川の水も透き通り、輝きを増している。

今日は曇天と晴天のふたつの景色を同時に見られてトクした気分だ。終わりよければすべて良し。甲府からは中央線の各駅停車に乗る。私の好物「高原野菜とカツの弁当」を食べて帰ろう。今回の旅も完璧だな。うん。

青春18きっぷ（1回分）……2300円

今回の電車賃

2300円

第33鉄

復活のSLと碓氷峠鉄道文化むら——機関車王国ぐんま

アニメ『宇宙戦艦ヤマト』で、私がもっとも感動する場面はオープニングだ。サビだらけで赤茶けた鉄のかたまりがゴゴゴと震え、その勇姿を浮き上げて大空へ旅立つ。そんな場面を連想する出来事が群馬で起きた。一九七三年に廃車となり、群馬県伊勢崎市の遊園地で三六年にわたって保存展示されていた蒸気機関車が、約一年をかけて再整備され、二〇一一年六月に復活を遂げた。約二万点の部品について、丁寧な整備と交換が実施されたという。

この機関車、C六一形二〇号機は三八年ぶりにボイラーに火を入れられ、営業運転を再開。大空に煙を伸ばし、汽笛を響かせた。運行区間は上越線の高崎—水上間。高崎から信越線に乗り換えれば、広大な野外博物館「碓氷峠鉄道文化むら」もある。場所はどちらも群馬県。青春18きっぷで日帰りするにはちょうどいい距離だ。

青春18きっぷでSL列車に乗ろう

ＪＲ東日本はＣ六一形のほかに蒸気機関車を二台持っている。それらもすべて復元車だ。高崎機関区の一台めとなったＤ五一形四九八号機は、上越線の後閑駅で保存されていた。新津機関区のＣ五七形一八〇号機は新津市の小学校に保存されていた。このＣ五七形一八〇号機が牽引するＳＬばんえつ物語号は、新津駅を出発するときに、ふだんより長く汽笛を鳴らす。展示中に手厚く保管し、復活運転のためにカンパもしてくれた新津の人々への感謝が込められていると私は思っている。

高崎駅で撮影タイム？

高崎機関区にはＤ五一形とＣ六一形の二台が所属し、ホリデーシーズンともなればＳＬみなかみ号がフル稼働する。快速列車だから特急券や急行券は不要で、指定席券を購入すれば「青春18きっぷ」で乗れる。

「ＳＬみなかみ」の高崎駅発車時刻は〇九時五六分。東京から青春18きっぷで行くなら、上野駅〇七時三五分発の各駅停車で間に合う。でも、もっと早起きできるなら、もう少し早い列車に乗りたい。だるま弁当で有名な高崎駅の駅弁屋たかべんで、Ｄ五一やＣ六二にちなんだ駅弁を売っている。早い者勝ちだし、これを朝ご飯にしよう。もっと軽めにという方は、以前も紹介した上州の朝がゆもオススメ。高崎駅ビル、改札口の向かいのお土産屋さんも、SLグッズが多くて楽しい。

高崎駅に早く到着したい理由はもうひとつ。発車の四〇分ほど前に、構内に蒸気機関車が姿を見せるからだ。SLみなかみ号が発車するホームは二番線。そのひとつ向こう側の線路にSLが停車してくれる。まるで撮影タイムを作ってくれたような演出だ。このときの撮影位置を確保するためにも早く到着したほうがいい。上野駅〇七時二三分発なら高崎駅に〇九時〇七分着。新宿駅〇六時五九分発の湘南新宿ラインなら高崎駅に〇八時五一分着だ。

機関車がいったん水上方向に引き上げると、二番ホームに客車がゆっくりと入線する。青い車体に白い帯の一二系客車が、ディーゼル機関車に後押しされてきた。茶色い旧型客車のほうが蒸気機関車に似合うと思うけれど、暑い夏なら一二系のほうが冷房付きでありがたい。それに、今や一二系も客車も貴重な存在。大阪万博の臨時列車用をはじめ、各地の団体列車や急行列車のために作られた。その後は活躍の場所が減り、イベント用客車に改造されたほかは廃車されていった。青字に白帯という当初の塗装の車両は少ない。

乗ったら見えないSLは、音と匂いを楽しむ

私の指定席は六号車一七番のD。水上行きの客車の先頭で、機関車の直後だった。窓際

だが、進行方向とは逆向き。二〇日前に思い立って予約したらここになった。

向かいのA席は空席で、通路を挟んだ隣には母親と男の子二人、女の子一人の家族がいる。窓際が取れず、後ろ向きに座った子が不満そうだ。「そこ（A席）はいないのかしら」という母親に「来ないかもしれませんね」と勧めた。普通列車の指定席は五一〇円。当日、都合が悪くなっても払い戻す人は少ない。手数料三二〇円を差し引くと、戻ってくる金額は一九〇円だけだ。そのために窓口まで出かけたくない人はキャンセルしてくれない。A席が空席のままの可能性は高い。

それがきっかけで親子と話をする。きっぷを買ったタイミングは私よりあとで、窓口の人に「後ろの一号車から埋まっていく」と言われたそうだ。それはなぜかと母

蒸気機関車は子供たちにも大人気

親に質問された。本当のところはわからないけれど、「ＳＬ列車は乗ったら機関車が見えなくなってしまう。でも、後ろのほうの客車なら、カーブ区間で窓から機関車が見えるかもしれない。そんな期待で後部車両を選ぶ人が多いのかも」と言ってみた。

「しかし、私のオススメは機関車に近い席。つまりココだよ」と親子に説明する。確かにＳＬ列車に乗ったら機関車は見えない。そこで乗ったときの楽しみは「音」と「匂い」となる。響き渡る汽笛、シュッシュッドッドッという駆動音は後ろの車両では聞こえない。煙の匂いも後ろに行くほど薄まる。機関車に近い席で窓を開ければ最高の臨場感となる。

ただし、冷房付きの一二系客車で窓を大きく開けると、ほかのお客さんに迷惑か。……と思ったら、この客車は下段の窓が約二センチメートルしか開かない。でも、このくらいがちょうどいい。さっそく開けて、向かいに座った子供たちに「聞こえる？　匂う？」と話しかけてみた。姿を見るだけなら写真やビデオでもいい。せっかくホンモノの機関車に乗ったんだもの、音と匂いを体験してもらわなくちゃ。

ＳＬみなかみ号は新前橋、渋川、沼田、後閑、終点の水上の順に停車する。このうち、渋川には二八分も停まってくれる。機関車を近くでじっくり見たいならココがオススメ。機関車をバックに記念撮影をしたり、小さな子が肩車で運転席を覗かせてもらったりと楽しそうだ。運転士さんも大サービス。お願いされるたびに石炭をひとつずつ渡していた。

この間に普通列車の水上行きに追い越される。快速列車のＳＬみなかみ号が普通列車に追い越されるという、ちょっと面白い場面だ。新前橋と沼田でも五分間の停車。渋川に比べると短いけれど、機関車直後の六号車なら機関車を見に行ける。

水上駅には一二時〇七分に到着。ちょうどお昼どき。温泉町のキャラクターに出迎えられ、駅前のお店でご飯を食べる。おっと、その前に、まず目指すべき場所は転車台だ。駅を出て右方向へ五分ほど歩くと、転車台を囲む広場がある。蒸気機関車は帰りの列車を引っ張るため、ここで向きを反転させる。これもぜひ見ておきたい風景だ。

この広場にはD五一形七四五号機が保存されている。こちらも高崎機関区に所属していた機関車だ。引退後は高崎駅前に保存展示。移転して上越新幹線の上毛高原駅前に保管展示され、昨年一一月に水上にやってきた。SLの街水上を盛り上げるためだろうか。SLの運転がない日も、転車台広場にはSLがいるというわけだ。

とんぼ返りで「碓氷峠鉄道文化むら」へ

SLみなかみ号の上り列車は水上駅を一五時三〇分に出発し、高崎駅に一七時二〇分に到着する。しかし私はそれを待たず、一二時四六分発の電車で高崎に戻り、信越線に乗り換えた。目指すは横川駅近くの「碓氷峠鉄道文化むら」だ。信越本線横川機関区跡の広大な敷地が鉄道保存施設になっている。横川駅到着は一四時五二分。碓氷峠鉄道文化むらは、行き止まりとなった線路の向こう側にある。

かつて横川駅と軽井沢駅の間は、国鉄でもっとも急勾配の区間だった。初めて電化された区間でもあり、歯車付きのレールを使ったアプト式という機関車が使われた時期もある。その後は、横川駅に電車が到着すると、後部に後押し機関車を連結して軽井沢駅まで上っていった。帰りは軽井沢駅で前部に機関車を連結し、強力なブレーキを使って峠を下りた。

鉄道ファンにとって、横川―軽井沢間の補助機関車連結はお楽しみのひとつだったけれど、長野新幹線の開業と同時に廃止された。その区間を記念して作られた施設が碓氷峠鉄道文化むらというわけだ。碓氷峠や関東で活躍した車両など三〇両以上が展示されている。大宮の鉄道博物館に匹敵する車両数だ。

廃線跡のトロッコ列車に乗ってみた

碓氷峠鉄道文化むらのアトラクションは、碓氷峠の廃線跡を走るトロッコ列車シェルパくんと、園内外周を走るあぷとくんがある。トロッコ列車のきっぷは入場券と同時に買うか、乗車前に車掌さんから買う仕組み。入場時に「トロッコに乗ります」と言おう。入園券とトロッコ列車往復のセット料金は、中学生以上で一〇〇〇円、小学生は六〇〇円。

本物のEF六三形電気機関車を体験運転できるメニューもある。こちらは一回五〇〇〇円。ただしその前に費用三万円の一日講習を受けて、試験に合格する必要がある。マニアックなメニューだ。

一五時二五分発のトロッコ列車に乗車した。横川と軽井沢を結んだ信越本線の下り線跡を進んでいく。とうげのゆ駅まで約二・六キロメートルのコースだが、さらに先の熊ノ平まで延伸させる計画もあるというから楽しみだ。できることなら軽井沢まで延ばして、鉄道だけでしなの鉄道に乗り継げるといいなあ、と思う。計画はあったらしいけれど。

トロッコ列車はディーゼル機関車と客車二両。客車は先頭が吹きさらしの展望車。機関車側が冷房車。常に機関車が勾配の下側についていて、行きは機関車が客車を押していく。つまり展望車から進行方向のパノラマが楽しめる。

アプト線の跡は線路が撤去されて、アプトの道という遊歩道になっている。トロッコ列車の駅よりもさらに先、熊ノ平まで延びている。時間があって、気候のいい時期なら、遊歩道を散歩しても良さそうだ。

トロッコ列車の次は遊覧列車あぷとくんに乗ろう。駅は園内の奥にあり、そこまで歩きつつ保存車両群を眺める。D五一形蒸気機関車のなめくじ形（初期に製造され、煙突の後ろに長いドームがある）や、私にとっては懐かしいブルートレイン牽引機EF六五形電気機関車五〇〇番台、関門トンネルで活躍したステンレス車体のEF三〇形電気機関車、デッキ付きの茶色い旧型電気機関車がある。お座敷客車は休憩所として車内に入れる。私にとっては初めてのお座敷客車体験だった。

あぷとくんの乗車は入場料金とは別に四〇〇円が必要。蒸気機関車とディーゼル機関車が交代で運行する。園内外周を見渡し、保存車両群を眺められる。蒸気機関車がいいなと思ったけれど、残念ながらディーゼル機関車の牽引だった。でも、よく見ると車輪の動力伝達はＳＬのようなロッド式になっている。なかなかかわいい奴だ。

あぷとくんを降りたら閉園時刻が近づいていた。うむむ。駆け足で資料館を見たけれど、もうすこし時間がほしかった。ＳＬみなかみ号と組み合わせた日帰りは充実しているけれど、家族や仲間と遊びに行くなら、水上で温泉に一泊したほうが楽しめるかもしれない。

横川駅でホカホカの「峠の釜めし」を買える

横川駅から帰途につく。横川駅といえば有名な駅弁、「峠の釜めし」がある。今では全国の駅弁大会の定番商品だけど、発祥はこの駅。なぜ峠の釜めしが有名になったかというと、峠に向かう列車が機関車を連結する待ち時間に、乗客がこぞって弁当を買ったから。立ち売りの販売員が整列して、発車していく列車におじぎをする様子が美談として伝わったから。そしてもちろん、なんといってもおいしかったから。

オバちゃんが出してくれた峠の釜めしを受け取ると、ホカホカ温かい。製造元のおぎのやの工場は横川駅の近くにあり、そこからできたてを運んでくるという。横川駅を発着する列

碓氷峠名物の「峠の釜めし」。

旅の締めくくりはやっぱり駅弁

車は減ったけれど、峠の釜めしは新幹線車内販売やドライブインなどで人気の商品。工場の生産能力は最大で一時間に三六〇〇食。夏休みなどのハイシーズンはフル稼働でも追いつかないくらいだそうだ。

オバちゃんによると、衛生面の配慮から工場見学は不可。ただし地元の子供たちには工場を紹介するビデオを見せてくれるそうで、うずらの卵をゆでるための巨大な機械がスゴイらしい。工場が一日一〇時間稼働すれば、製造される弁当は三万六〇〇〇食以上。それもスゴイけど、三万六〇〇〇個のうずらの卵はどこから来るんだ。毎日、三万六〇〇〇羽のうずらが卵を産むんだなあ、どこにいるんだ。

そういえば、横川駅前に「おぎのや資料館」という小さな建物があった。峠の釜めしの秘密が分かるかも。今日は閉館していたから、次に来たときのお楽しみとしよう。

青春18きっぷ（1回分）……2300円
JR東日本（SLみなかみ指定席券）……510円

碓氷峠鉄道文化むら（入園料+シェルパくん乗車券）
……1000円
碓氷峠鉄道文化むら（あぷとくん乗車券）
……400円

今回の電車賃

2810円
+1400円

おわりに

三三の鉄道旅。いかがでしたか。

うまくいった旅もあれば、思い通りにいかなかった旅もありました。富士山のそばまで行ったけど曇って頂上が見えなかったり、横須賀軍港めぐりの遊覧船で軍艦が出払っていたり。ガイドブックとは違う、妙な展開に戸惑われたかもしれません。でも、これがリアルな旅の姿です。景勝地や観光施設はお天気などに左右されます。しかし、鉄道は変わりません。列車はちゃんと時刻を守って、行きたいところに連れていってくれます。

鉄道を旅の目的とすれば、ほかの要素が残念でも悔しくないですよね。残念な印象を楽しさに転換していく、それも鉄道旅の面白さかもしれません。あれ、負け惜しみに聞こえますか（笑）。

鉄道はいつも私たちの生活とともにあります。たとえそれが通勤電車であっても、鉄道旅を始めたいなら、もうそこに入り口があります。私の旅のお話が、あなたの鉄道旅を始めるきっかけとなったらうれしいです。

さて、本書は、インターネットニュースメディア「Business Media 誠」に連載中の『杉山淳一の+R Style』を再構成したものです。この連載は旅日記ではなく、「皆さまへ旅を紹介する」を前面に出し、鉄道だけではなく、観光地や食の話題も紹介しています。もっとも私は魚介類が苦手で、最近は『肉と鉄道』というタイトルにしたくなるような内容です。連載の機会を与えてくださり、「乗り鉄」の同志として風景写真や甘味の写真を補充してくださいました「Ｂｕｓｉｎｅｓｓ Ｍｅｄｉａ 誠」編集長の吉岡綾乃さん。彼女がいなければ本書は生まれませんでした。この場を借りて吉岡さんに感謝申し上げます。

著者が楽しみますと、その楽しさが文章に伝わるようです。おかげ様でアクセス数も増えていきました。そうなると欲が出て、ネットに触れる機会が少ない方にも読んでもらいたい、鉄道の旅を楽しんでいただきたいと思いました。そんなとき、本書の編集者、大野里枝子さんが、インターネットにたくさんある鉄道ブログ、鉄道コラムの中から、『杉山淳一の＋Ｒ Ｓｔｙｌｅ』を発掘してくださいました。

書籍化にあたって、旅した当時と現在の状況が変わっている情報について、できるだけ修正しました。しかし、基本的には当時、私が見たり、聞いたり、感じたままです。景色や施設、車両、食事の値段などは現在と状況が異なるかもしれません。また、ネットメディアと書籍の特性を考慮して、加筆、減筆、修正をいたしました。さらに優秀な校正者さんのおかげで、文章はかなり読みやすくなりました。また章の番号は振りなおしています。『杉山淳一の＋Ｒ Ｓｔｙｌｅ』とは掲載順序が異なります。あわせてお読みになる方は、何卒ご了承ください。

旅した地域について、私の住まいの都合で東京出発の旅が多くなり恐縮です。本書をご覧のあと、よろしければインターネットの連載もぜひご覧ください。同じ話でも写真が多めです。さらに、本書に載せられなかった旅や、新しい旅があります。

私は当初、「ネットの連載を再利用なんて簡単、ラッキー」と思っていました。ところが、横書きから縦書きにするだけではなく、掲載当時の思い違いや、現在と当時の情報の違いの扱いに悩み、作業に時間がかかりました。大野さんをはじめ関係各位に大変ご迷惑をおかけしました。お詫びとともに感謝申し上げます。そしてデザイナーの米谷テツヤさん、イラストレーターの霜田あゆ美さん、すばらしい装丁をありがとうございます。

そして誰よりも、たくさんある鉄道本の中から、本書を選んでくださったあなたにお礼申し上げます。ありがとうございました。これからも、どうぞ良い旅を。

二〇一三年一〇月一四日（鉄道の日）

臨時列車「北陸本線一〇〇周年記念号」車中にて

杉山淳一

本書はアイティメディア株式会社「Business Media 誠」（二〇〇九年四月六日号～二〇一三年四月四日号）に掲載された『杉山淳一の＋R Style』を改題し、加筆修正したものです。

〈著者紹介〉
杉山淳一　1967年、東京生まれ。都立日比谷高校、信州大学経済学部卒。PC系出版社に入社し、ゲーム雑誌の広告営業を経てフリーライターとなる。近所を走る東急池上線の踏切音を子守唄として育ち、小学生で「乗り鉄」に目覚めて東急電鉄を完乗。現在の踏破率は日本全国鉄道網の約90%で、廃止された路線を含め累計27467.9kmを踏破。著書に『知れば知るほど面白い鉄道雑学157』、ゲーム『A列車で行こう』シリーズ公式ガイドブックなど。

ぼくは乗り鉄、おでかけ日和。
日本全国列車旅、達人のとっておき33選
2013年12月10日　第1刷発行

著　者　杉山淳一
発行者　見城 徹

GENTOSHA

発行所　株式会社 幻冬舎
〒151-0051 東京都渋谷区千駄ヶ谷4-9-7

電話：03(5411)6211(編集)
03(5411)6222(営業)
振替：00120-8-767643
印刷・製本所：図書印刷株式会社

検印廃止

Printed in Japan
ISBN978-4-344-02498-4 C0095
幻冬舎ホームページアドレス　http://www.gentosha.co.jp/

この本に関するご意見・ご感想をメールでお寄せいただく場合は、
comment@gentosha.co.jpまで。